ZU EHREN DES ZEUS

DIE OLYMPISCHEN
SPIELE DER ANTIKE

Umberto Pappalardo mit einer
Einleitung vor Masanori Aoyagi

Übersetzung aus dem Italienischen
von Anemone Zschätzsch

ZU EHREN DES ZEUS

DIE OLYMPISCHEN SPIELE DER ANTIKE

Umberto Pappalardo mit einer
Einleitung von Masanori Aoyagi

Übersetzung aus dem Italienischen
von Anemone Zschätzsch

wbg Philipp von Zabern

112 Seiten mit 127 Farb- und 8 s/w-Abbildungen

Titelbilder
Buchhandelsausgabe:
Relief mit Ringern. Athen, Archäologisches National-
museum (akg-images / Erich Lessing).

ANTIKE WELT-Sonderheft:
Diskobol Lancelotti nach Myron. Rom, Museo Naz.
Romano, Palazzo Massimo (akg-images / Pirozzi).

Umschlag Rückseite
Buchandelsausgabe:
s. Abb. 107 auf S. 86.

ANTIKE WELT-Sonderheft:
Stadion in Olympia (akg-images / jh-Lightbox_
Ltd. / John Hios).

Frontispiz:
s. Abb. 124 auf S. 102.

Weitere Publikationen finden Sie unter:
www.wbg-wissenverbindet.de

Gestaltung:
Melanie Jungels, TYPOREICH – Layout- und Satz-
werkstatt, Nierstein

Herstellungsbetreuung:
Ilka Schmidt, wbg, Darmstadt

Lekorat und Redaktion:
Dr. Anemone Zschätzsch

Redaktion:
Anna Ockert, Holger Kieburg, wbg, Darmstadt

Repros:
Helmut Ludwig, Layout I Satz I Bild, Gensingen

Druck:
Livonia

*Für die Übersetzung und Redaktion mit fachgerechten
Korrekturen und präzisen Ergänzungen möchten wir uns
bei Frau Dr. Anemone Zschätzsch bedanken.*

Bibliographische Information der Deutschen Nationalbibliothek

Die Deutsche Nationalbibliothek verzeichnet diese Publikation
in der Deutschen Nationalbibliografie; detaillierte bibliogra-
fische Daten sind im Internet über *http://dnb.d-nb.de* abrufbar.
Der Verlag Philipp von Zabern ist ein Imprint der wbg.

© 2020 by wbg (Wissenschaftliche Buchgesellschaft), Darmstadt
Die Herausgabe des Werkes wurde durch die Vereinsmitglieder
der wbg ermöglicht.

Buchhandelsausgabe: 978-3-8053-5228-4
ANTIKE WELT-Sonderheft: 978-3-8053-5235-2

Inhalt

Abb. 1 Poseidon vom Kap Artemision, Bronze, 5. Jh. v. Chr., Athen, Archäologisches Nationalmuseum 15161.

Der agonistische Geist der Olympischen Spiele in der Antike

von Masanori Aoyagi

Die Olympischen Spiele in der Antike

Bei den antiken Olympischen Spielen kämpften die Athleten nackt, so wie auch die Götterstatuen nackt waren, die ihrerseits den bewunderten Körpern der Athleten nachgebildet wurden (Abb. 1). Für ihre Kraft und ihre Kühnheit wurden sie von allen bewundert. Manchmal starben sie durch die Schläge, die sie im Faustkampf erhielten. Beim Wagenrennen konnte es geschehen, dass die Wagen in der Kurve umstürzten und dies zum Tod von Wagenlenkern und Pferden führte. Die Athleten riskierten lieber das eigene Leben, um der Schmach einer Niederlage zu entgehen. Wie auch heute noch haben die Hingabe beim Training und die Anstrengung beim Wettkampf nur ein Ziel: den Sieg (Abb. 2).

Was erhielten sie nun als Gegenleistung für diesen großen Aufwand? Einen Olivenzweig – undenkbar in unserer modernen Zeit, in der man oftmals an Millionengagen gewöhnt ist. Diesen Zweig hatten sie nach ihrer Heimkehr getragen wie ein König seine Krone, und sie wurden wie Kriegshelden mit prächtigen Geschenken ausgezeichnet. Mit diesem Ziel vor Augen taten sie alles und waren weit entfernt von dem fairen und strengen Verhalten bei den heutigen Olympischen Spielen.

Der wirklich große Preis aber war ein anderer: die Erinnerung an sie und damit ihre Unsterblichkeit. Es war ihr Motiv, dass sie nach dem Sieg mit ihrer Statue geehrt wurden, oft mit einem idealisierten Gesicht ähnlich dem Antlitz der Götter, aber gewöhnlich versehen mit einer Inschrift, in der der Name, der Name der Familie, der Heimatort und die Disziplin verewigt waren.

Und die Verlierer? Für sie gab es weder Trostpreise noch Ruhm, und wenn sie nach Hause zurückkehrten, mussten sie sich oftmals in dunklen engen Gassen verstecken, wie Pindar in einer exzellenten Ode berichtet[1]. Leider ist von dem antiken Heiligtum in

Abb. 2
Diadumenos, römische Marmorkopie nach einem Bronzeoriginal des Polyklet um 420 v. Chr., Athen, Archäologisches Nationalmuseum 1894.

Olympia, in der die originalen Spiele stattgefunden haben, nicht genug übriggeblieben, um sich ein authentisches Bild von der Atmosphäre der Agone zu machen.

Die Spiele wurden zu Ehren des Göttervaters Zeus abgehalten, sein Tempel liegt seit einem Erdbeben im 4. Jh. n. Chr. in Trümmern. Vor seinem Tempel erhob sich auf einem hohen dreieckigen Postament die Statue einer Victoria, die bei den Griechen Nike hieß. Sie war ein Weihgeschenk nach einem erfolgreichen Krieg[2], könnte aber hier gleichzeitig den agonistischen Geist der Spiele personifizieren. Sie ist im Flug dargestellt wie alle diese unerwartet erscheinenden Gottheiten, weil — wie sogar Napoleon sagte — das Leben aus vielen Schlachten bestehe: aus denen, die man glaubt zu gewinnen und sie verliert, sowie aus denen, die man zu verlieren glaubt und sie gewinnt.

Das für die athletischen Wettkämpfe bestimmte Stadion war ein einfacher Platz aus gestampfter Erde, aber einst setzten sich 45 000 bis 50 000 Griechen auf die Böschung und jubelten.

Die Ursprünge von Olympia sind sehr alt und reichen bis mindestens 2800 v. Chr. zurück. Und Zeus, der Gott von Blitz und Donner, wurde seit mindestens 1000 v. Chr. verehrt.

Wie aber begannen die Spiele? Die antiken Schriftsteller berichten von religiösen Riten zu Ehren des Zeus, etwa einem Wettlauf der Jünglinge zum Altar des Gottes. Die ersten offiziellen Wettkämpfe begannen 776 v. Chr. und wurden ohne Unterbrechungen alle vier Jahre wieder ausgetragen. Alle freien griechischen Bürger konnten daran teilnehmen. Ausgeschlossen waren Sklaven, Frauen und Fremde, die man Barbaren nannte, weil sie nicht griechisch sprachen. Die Wettkämpfe begannen am ersten Vollmond des August.

Das Reglement war streng, und Pindar nennt die Gesamtheit dieser Regeln die «Gesetze des Zeus»[3]. Das bedeutet, dass ein Verstoß schwerwiegend war, da er eine Kränkung der Gottheit bedeutete.

Die Athleten reisten einen Monat vor Beginn der Spiele nach Elis, sowohl um zu trainieren, als auch um von den Hellanodikai, den Kampfrichtern, überprüft zu werden:

Wenn ihr euch durch Arbeit als würdig erwiesen habt, nach Olympia zu gehen und nicht leichtsinnig und unedel gewesen seid, so geht getrost! Wer sich aber nicht so vorbereitet hat, der gehe, wohin er will![4]

Kurz vor Beginn der Wettkämpfe versammelten sich 100 000 Zuschauer aus allen Teilen der antiken Welt in Olympia und verweilten auf den Feldern und unter den Olivenbäumen rund um den Tempel. Sie kamen hauptsächlich aus Griechenland, aber auch aus Ägypten, von Nordafrika, aus den griechischen Kolonien von Marseille in Südfrankreich und Olbia am Schwarzen Meer (Abb. 3). Oft kamen sie aus rivalisierenden oder gerade miteinander im Krieg befindlichen Städten, aber die Olympischen Spiele waren so wichtig und prestigeträchtig, dass man eine Gefechtspause einlegte. Diese Vereinbarung war in einen Diskos[5] eingeritzt worden und garantierte den Athleten für drei Monate Immunität.

Die Eintragung für die Spiele erfolgte als Selbstauskunft über Herkunft und Alter, letzteres war wichtig für die Zuordnung zu der entsprechenden Altersgruppe. Beispielsweise wurde 468 v. Chr. Pherias aus Aigina ausgeschlossen, weil er noch zu jung war, aber bei den folgenden Spielen wurde er in die Gruppe der Knaben (*paides*) aufgenommen und gewann das Pankration. Ebenso mussten die Hellanodikai bei den Tieren zwischen Pferd und Fohlen entscheiden.

Der erste Tag war für ein Reinigungsritual vorgesehen. Die Athleten versammelten sich im Bouleuterion und — während die Priester an der Statue des Zeus ein Opfer darbrachten — schworen Fairness, Disziplin und Beachtung der Regeln (Abb. 4). Ein solcher Eid hat sich leicht modifiziert bis in unsere Zeit fortgesetzt. Seit 2017 lautet er:

Im Namen aller Athleten/Kampfrichter/ Trainer verspreche ich, dass wir an den Olympischen Spielen teilnehmen und dabei die gültigen Regeln respektieren und diese im Sinne des Fair-Play einhalten. Wir alle verpflichten uns zum Sport ohne Doping und Betrug. Wir tun dies zum Ruhm des Sports, für die Ehre unserer Mannschaften und für die Achtung der grundsätzlichen Prinzipien der Olympischen Bewegung.[6]

Verletzungen der Regeln wurden streng bestraft. Hatten Athleten versucht, durch Bestechung zu gewinnen, wurden sie gezwun-

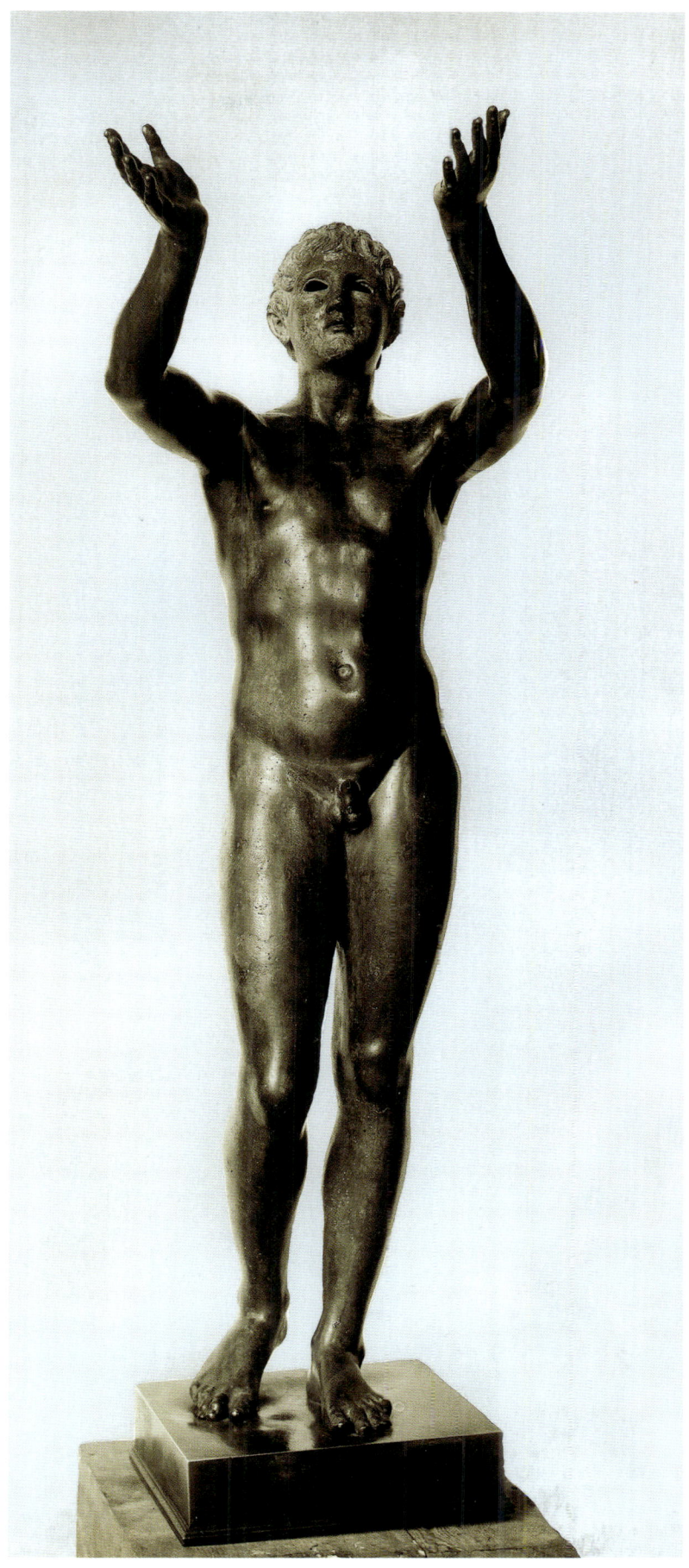

Abb. 4 Sog. Betender Knabe aus dem Umfeld des Lysippos, Bronze, um 300 v. Chr., Berlin, Antikensammlung SK 2.

Abb. 5 Boxende Knaben, Wandmalerei aus Thera, ca. 1500 v. Chr., Athen, Archäologisches Nationalmuseum BE 1974-26.

gen, auf eigene Kosten Statuen des Zeus zu errichten, sog. *Zanes*. Die Inschriften auf den Basen besagen, dass man nicht mithilfe von Geld, sondern mit Körperkraft und Schnelligkeit der Füße siegen müsse. So heißt es auch bei Pausanias:

(2) Geht man nämlich den Weg vom Metroon zum Stadion, befinden sich links am Fuß des Berges Kronion [...] bronzene Zeusstatuen. Diese wurden gemacht aus den Strafgeldern, die Athleten auferlegt wurden, die sich gegen den Wettkampf vergangen hatten, bei den Einheimischen heißen sie Zanes.
(3) Zuerst stellten sie sechs bei den 98. Olympischen Spielen auf. Denn der Thessaler Eupolos bestach die Faustkämpfer, die gekommen waren, mit Geld, den Arkader Agetor und den Kyzikener Prytanis und mit ihnen Phormion, der aus Halikarnassos stammte und an den Olympischen Spielen vorher gesiegt hatte. Des soll das erste Vergehen von Athleten gegen die Spiele gewesen sein, und als erste wurden Eupolos, und die von Eupolos Geschenke angenommen hatten, von den Eleern mit Geldstrafen belegt. Zwei von ihnen sind Werke des Sikyoniers Kleon; wer die folgenden vier gemacht hat, weiß ich nicht.
(4) Auf diesen Statuen stehen außer bei der dritten und vierten Epigramme. Das erste Epigramm will besagen, daß man einen Sieg in Olympia nicht mit Geld, sondern mit Schnelligkeit der Füße und Körperkraft erringen soll. Das auf der zweiten sagt, daß die Statue zu Ehren der Gottheit dastehe und durch die Gottesfurcht der Eleer zur Abschreckung für frevelnde Athleten. Bei der fünften und sechsten Statue ist der Sinn der Inschrift, bei der einen, daß die Statuen errichtet seien zum Ruhm der Eleer und nicht zum wenigsten zur Strafe für die Faustkämpfer, bei der noch übrigen, daß sie eine Lehre für alle Griechen seien, daß niemand für einen olympischen Sieg Geld geben solle.[7]

Die antiken Griechen waren begeistert von der Schönheit der Körper und vom Wett-

kampf, den man Agon (ἀγών) nannte – was Schmerz, Kampf und Leidenschaft bedeutete – und von dem sich die moderne Bezeichnung Agonie ableitet. Die am meisten mit diesem Begriff verbundene Disziplin war der Faustkampf, der ursprünglich aus der griechischen Welt stammte. Ein erlesenes Fresko aus Santorin aus dem 2. Jt. v. Chr., und damit ungefähr tausend Jahre vor dem Beginn der Olympischen Spiele entstanden, zeigt zwei schlanke Knaben, die mit Boxhandschuhen kämpfen (Abb. 5). Diese Disziplin wurde bei den Olympischen Spielen 688 v. Chr. eingeführt und gehörte recht bald zu den vom Publikum bevorzugten Agonen, weil sie unmittelbar die Gefahr und manchmal auch den Tod der Kämpfer mit sich brachten.

Sogar heutige Boxer wären bestürzt über den antiken Faustkampf, der absolut regellos und unfair war: es gab keine Gewichtsklassen, keine Runden mit Erholungspausen, kein Wasser und keine gepolsterten Handschuhe. Die Hände waren nur durch Lederstreifen geschützt. Als ab 146 v. Chr. die Römer an den Olympischen Spielen teilnahmen, wurden in diese Streifen kleine Metallnägel eingefügt, die die Haut des Gegners verletzten, der auch am Kopf getroffen werden konnte (Abb. 6). Ein Kampf dauerte solange, bis einer der beiden Kämpfer zusammenbrach.

Die Karrieren der Sportler konnten sehr erfolgreich sein, wegen der häufigen Todesfälle aber auch sehr kurz. Auf jeden Fall war der Tod besser als eine Niederlage, wie es in der Grabinschrift des Faustkämpfers Agathos Daimon aus Alexandria in Ägypten mit dem Beinamen Kamel lautet, der im Kampf gestorben war, nachdem er Zeus gebeten hatte, ihm entweder den Siegeskranz oder den Tod zu gewähren.[8] Eurydamos aus Kyrene im heutigen Libyen zog es vor, lieber die eigenen Zähne zu verschlucken als dem Gegner, der sie ihm ausgeschlagen hatte, Genugtuung zu verschaffen.[9]

Die Athleten wurden für ihre Überlegenheit sehr bewundert, aber auch wegen des Ertragens der Schmerzen. Dieses Verhalten hatte auch einen ideellen Wert, weil sie als soziale Vorbilder betrachtet wurden: Man musste die Fähigkeit beweisen, sehr große

Abb. 6 Faustkämpfer vom Quirinal, Bronze, 1. Jh. v. Chr., Rom, Nationalmuseum / Palazzo Massimo 1055.

Schmerzen trotz Anstrengung, Hitze und Staub zu ertragen.

Wenn ein Wettkampf zu lange dauerte oder eine Pattsituation entstanden war, dann ordneten die Schiedsrichter an, dass die Athleten sich abwechselnd einen Faustschlag geben mussten (wie beim Fußball das Elfmeterschießen). Der Gegner durfte nicht reagieren, d. h. er musste stillhalten und durfte sich auf keine Weise verteidigen. Dies war um 400 v. Chr. bei den Nemeischen Spielen der Fall bei Kreugas aus Epidamnos in Illyrien und Damoxenos aus Syrakus auf Sizilien. Die beiden kämpften lange ohne Entscheidung bis Damoxenos einen Faustschlag in den Bauch des Gegners setzte und dabei den Darm zerriss (ein echter Karateschlag). Aber die Schiedsrichter disqualifizierten ihn und erklärten Kreugas zum Sieger, der jedoch inzwischen gestorben war (Abb. 7. 8).[10]

Auch wenn die Athleten der Antike nicht über so anspruchsvolle Sportgeräte wie die heutigen verfügten, stellten ihre Statuen ebenso perfekte Körper dar wie die modernen Sportler aufweisen. Offensichtlich unterzogen sie sich täglich harten Trainingseinheiten. Beispielsweise übte man für das Krafttraining mit Felsbrocken, wie z. B. demjenigen aus Olympia mit einem Gewicht von ca. 143,5 kg. Auf der darauf befindlichen Inschrift (4. Jh. v. Chr.) wurde er von Bybon mit nur einer Hand geworfen[11]:

Βύβον τέτέρει χερὶ ὑπερκέφαλά μ᾽
ὑπερεβάλετο ὁ Φόλα.
Bybon, Sohn von Phola, hat mich mit
einer Hand über seinen Kopf gehoben.

Für den Weitsprung oder den Wettlauf trainierte man mit Halteres (ἁλτῆρες) aus Stein, die wie Hanteln in der Hand gehalten wurden. Die sog. Bikini-Mädchen auf einem Mosaik in der Villa Romana del Casale bei Piazza Armerina bestätigen den Gebrauch von Hanteln noch in spätrömischer Zeit (vgl. Abb. 123).

Der Faustkampf war ohne Zweifel die Disziplin, die am häufigsten mit dem Tode endete, aber sie wurde recht bald vom Pan-

Abb. 7 (li.)
Kreugas, Marmor, Antonio Canova (1757–1822), Rom, Vatikanische Museen 968.

Abb. 8 (re.)
Damoxenos, Marmor, Antonio Canova (1757–1822), Marmor, Rom, Vatikanische Museen 970.

Abb. 9 Sog. Wettläufer aus der Villa dei Papiri, Herculaneum, Kopien nach Originalen des Lysippos, Bronze, Neapel, Archäologisches Nationalmuseum 5626.27.

kration (seit 648 v. Chr.) übertroffen, einem Ringen mit bloßen Händen, bei dem es lediglich verboten war, zu beißen und die Augen des Gegners einzudrücken. Man kämpfte nackt und oft zerrte man auch an den Genitalien. Wegen dieser Brutalität, der Überraschungen und der infamen Tricks wurde diese Sportart vom Publikum bevorzugt.

Den heutigen Vorstellungen entsprach eher der korrektere Ringkampf, auch wenn Würgegriffe sowie das Brechen der Finger und Knie erlaubt waren. Der «Ring» war im Inneren des Stadions eingerichtet. Es gab zwei Arten des Ringkampfes, im Stand und am Boden. Es siegte derjenige, der zuerst dreimal seinen Gegner zu Boden geworfen hatte. Im 5. Jh. v. Chr. wurde das Fingerbrechen verboten, was jedoch ignoriert wurde. Wir wissen von Leontiskos aus Sizilien, dass er zwei Kämpfe nacheinander gewann, gerade deshalb, weil er dem Gegner die Finger gebrochen hatte.[12]

Die gefährlichsten Sportarten aber waren die Wagenrennen mit den Zwei- und Viergespannen im Hippodrom. Diese Sportstätte wurde durch Hochwasser des Alpheios um 600 v. Chr. überschwemmt und ist heute unter einem dichten Olivenhain verborgen. Die riskantesten Stellen des Rennens waren die Kurven, die die Wagen zwangen, bei hoher Geschwindigkeit um 180° zu wenden. Dies hatte Zusammenstöße sowie Stürze zur Folge: Die Wagen zerbrachen, die Wagenlenker stürzten aus dem Wagenkasten und die Pferde fielen übereinander, wie es in den Filmen *Ben Hur* (1959) oder *Gladiator* (2000) dargestellt wurde. Nach Pindar[13] verunglückten bei einem Wettkampf 40 Konkurrenten und der Sieger erreichte allein das Ziel.

Im Hippodrom erhob sich der Altar des Gottes Taraxippos (bzw. Poseidon Hippios), des Schutzherrn der Pferde, dem man vor den Rennen Gaben brachte, damit die Pferde nicht erschrecken. Mit einem komplizierten Mechanismus wurden Fehlstarts verhindert. Dieser wurde von dem Athener Bildhauer Kleoitas erfunden und in der Folge von Aristeides verbessert[14]. Wenn der Mechanismus betätigt wurde, flog gleichzeitig der Adler von einem Altar in die Höhe und ein bronzener Delphin fiel von der Bronzestange. Da-

Abb. 10
Wagenlenker von Delphi, Bronze, um 478 v. Chr., Delphi, Archäologisches Museum 3484.

durch senkten sich die Sperrseile in zeitlichen Abständen, so dass die Wagen auf den Außenbahnen früher starten konnten und nicht gegenüber denen der Innenbahnen benachteiligt wurden.

Die schönste erhaltene Statue eines Wagenlenkers steht in Delphi, gewidmet nach einem Sieg bei den Pythischen Spielen, die ebenso bedeutend waren wie die Olympischen (Abb. 10). Sieger waren aber nicht die Wagenlenker und die Jockeys, sondern wie heute auch die Besitzer des Rennstalls. So konnten die Frauen, die nicht zu den Agonen zugelassen waren, zumindest als Eigentümer der Pferde teilnehmen. Kyniska aus Sparta (aus königlichem Haus) wurde als erster Frau der Sieg in einem Wagenrennen bei den Olympischen Spielen 396 v. Chr. zuerkannt, nachdem sie selbst ihre Pferde zugeritten hatte. Die Resonanz auf ihren Sieg war so groß, dass ihr damals in Olympia zwei Statuen gewidmet wurden, hergestellt vom Bild-

Abb. 11
Sog. Jockey vom Kap
Artemision, Bronze, 2. Jh.
v. Chr., Athen, Archäolo-
gisches Nationalmuseum
15177.

hauer Apelleas, und in Sparta ein Heroon zu ihren Ehren geweiht wurde. Kyniska nahm auch an den Spielen 392 v. Chr. teil und siegte noch einmal.[15] In einer Inschrift in Olympia erinnert sie sich voller Stolz[16]:

Könige Spartas sind mir Väter und
Brüder. Als Siegerin mit dem Gespann
der schnellfüßigen Pferde hat Kyniska
dieses Bildwerk aufgestellt. Und ich erkläre:

der Frauen einzige aus ganz Hellas bin
ich, die diesen Kranz errungen.

Es gab aber auch Galopprennen. Junge Jockeys saßen ohne Sattel auf den Pferden oder Fohlen (Abb. 11), die sie nur mit den Zügeln, mit der Reitpeitsche und ihren schmächtigen Knien führten. Im Jahre 512 v. Chr. warf das Pferd Aura den eigenen Jockey ab und kam als Siegerin ins Ziel.

Olympia

Nach Olympia kam man nicht nur wegen der Spiele, sondern auch um zu sehen und gesehen zu werden. So kamen auch die Philosophen Sokrates, Platon und Aristoteles. Der Historiker Herodot las aus seinen Werken auf den Stufen des Zeustempels, aber man kam auch, wie heute zum Vatikan, um die großartigen Kunstwerke zu bewundern, die einen «Wald von Skulpturen» bildeten, wie ein antiker Schriftsteller schrieb. Viele jedoch sind nicht erhalten und zahlreiche der

heute in den Museen ausgestellten stammen aus den Ausgrabungen, vor allem den deutschen, besonders aus den letzten hundert Jahren.

So ist auch die Statue des Zeus verloren, die von den Alten zu den Sieben Weltwundern gezählt wurde. Sie bestand aus einer enormen Menge von Gold und Elfenbein. Ihre Kostbarkeit war auch der Grund für ihr Verschwinden, als die antiken Götter nicht mehr verehrt wurden. Es blieb nur die Werkstatt erhalten, in der

der berühmte Bildhauer Pheidias sie geschaffen hatte, der Künstler, der auch am Parthenon in Athen gearbeitet hat.

Im Heiligtum gab es auch viele große Brunnen für das Publikum. Schließlich gab es ein Luxushotel, das mit 182 Säulen ausgestattete Leonidaion, das 50 wohlhabende Gäste aufnehmen konnte, die reichlich tranken und aßen, während die Athleten trainierten: die Faustkämpfer und Ringer in der Palaistra, die Fünfkämpfer im Gymnasion.

Der Tempel des Zeus besaß reich mit Skulpturen ausgestattete Giebel mit Themen aus der griechischen Mythologie, die mit Olympia verbunden waren.

Die Griechen liebten harmonische Körper, weil sie der Meinung waren, dass die körperlichen Proportionen mit dem inneren Gleichgewicht übereinstimmen würden. Übrigens sagte auch in römischer Zeit der Schriftsteller Iuvenal *mens sana in corpore sano*, d. h. wenn der Geist gesund ist, dann ist es auch der Körper[17]. Deshalb wurden auch die Körper der Fünfkämpfer von den Bildhauern als Modell für die Statuen der Götter genommen (Abb. 12).

Mit dem Diskobolos des Myron (Abb. 13) beginnt der Film von Leni Riefenstahl über die Olympischen Spiele in Berlin 1936, weil er das Ideal eines Athleten verkörpert und das Ideal der nationalsozialistischen Jugend personifiziert (Abb. 14). Der Diskobol wurde auf Drängen Hitlers 1938 von Italien gekauft und 1948 restituiert.[18]

Bei den Olympischen Spielen waren die Sieger des Pentathlon besonders angesehen: Die fünf Sportarten waren Laufen, Weitsprung, Speerwerfen, Diskoswerfen und Ringen. Jahrelang trainierten die Athleten im Gymnasium mit den Ausbildern und wurden begleitet von Auloispielern, die vielleicht den Rhythmus angeben sollten, so wie wir heute noch Musik beim Training verwenden (vgl. Abb. 34. 62).

Einzelne Unterschiede im Vergleich mit unserer Zeit sind interessant. So wurde beispielsweise beim Speerwurf der Schaft in der Mitte mit einem Band ausgestattet, in das der Zeige- und Mittelfinger gesteckt wurden, um die richtige Flugbahn zu erhalten; die Diskoi wogen doppelt so viel wie die heutigen, nämlich 4,5 kg.

Abb. 12 Doryphoros, römische Marmorkopie nach einem Bronzeoriginal des Polyklet, um 440 v. Chr., Neapel, Archäologisches Nationalmuseum 6011.

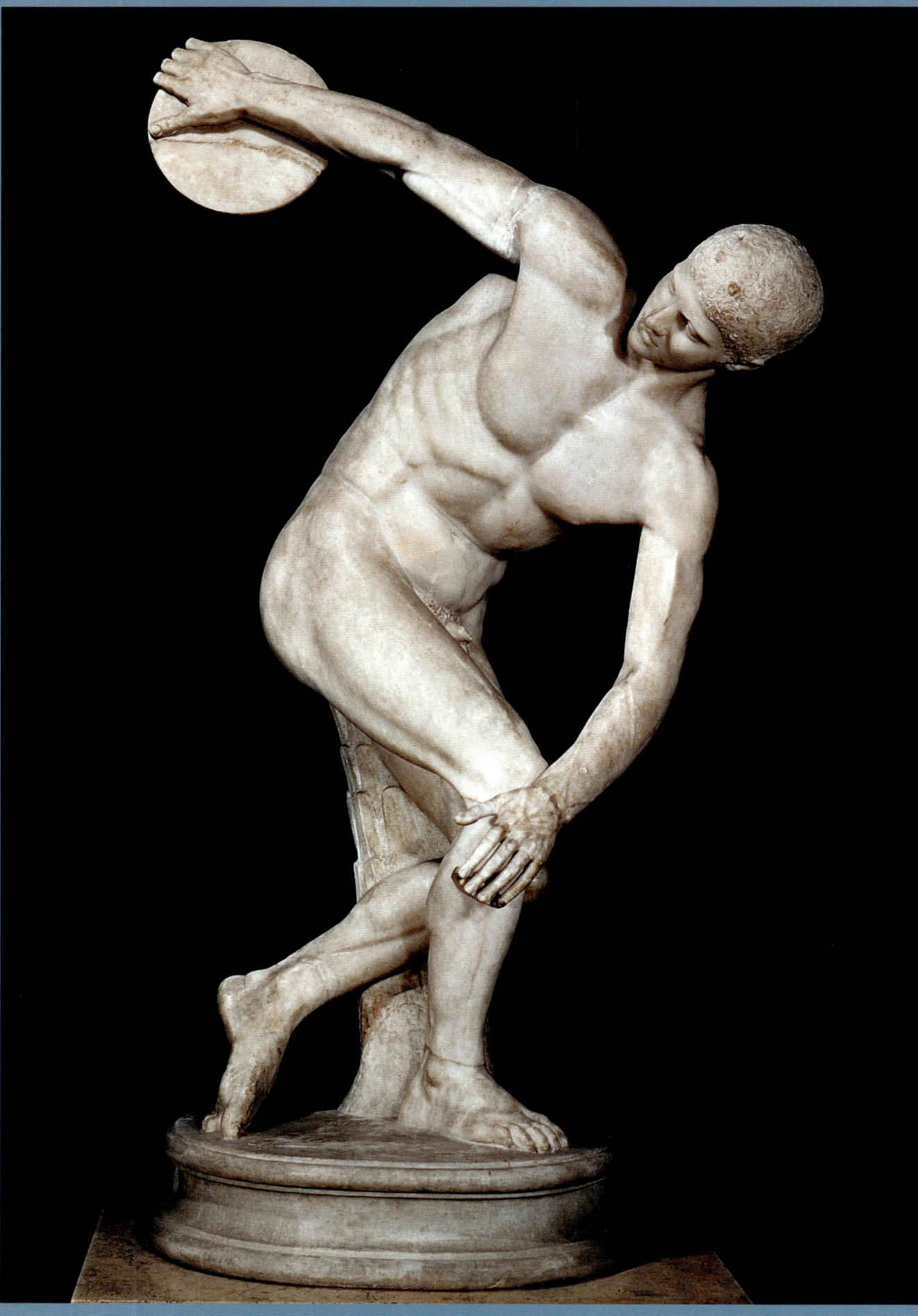

Seit 720 v. Chr. kämpften die Athleten nackt. Ein Läufer soll bei einem Wettkampf seinen Lendenschurz (*perizoma*) verloren haben, und nach seinem Sieg traten dann alle unbekleidet an. Die Nacktheit galt bei den Griechen keineswegs als skandalös, und übrigens haben die im 6. Jh. v. Chr. entstandenen Gymnasien ihren Namen von dem griechischen Wort *gymnos* (nackt) abgeleitet.

Auch die Homosexualität – zumindest die männliche – wurde in Griechenland nicht als Verfehlung angesehen, sondern war ein verbreiteter Brauch. Ein Gang durch Olympia, bei dem man die schönen und harmonischen Körper bewunderte, konnte auch sexuelle Erregung erzeugen. Die Homosexualität hatte eine wichtige soziale Funktion, weil sie die Unberührtheit der Frauen schützte. Merkwürdigerweise konnten die Mädchen und die jungen Frauen trotz der Nacktheit der Athleten und der Brutalität der Spiele anwesend sein, dagegen war dies den verheirateten Frauen streng verboten. Sie durften sogar den Alpheios nicht überqueren, der den Heiligen Bezirk begrenzte. Darauf stand die Todesstrafe, nämlich der Sturz vom Felsen oberhalb des Tempels. Die einzige Ausnahme für eine verheiratete Frau bildete die Priesterin der Demeter.

Die Frauen hatten ihre eigenen Wettkämpfe, die Heraia, die sie zu Ehren der Hera, der Gattin des Zeus, veranstalteten (vgl. Abb. 32). Die Laufstrecken für die Frauen in drei Altersstufen wurde im Vergleich zu den männlichen Athleten um ein Sechstel verringert. Im Unterschied zu den Männern trugen die Mädchen einen kurzen gegürteten Chiton, der die rechte Schulter bis zur Brust freiließ. Ihre Wettkämpfe und Siege galten als ein Übergangsritus vor dem Ehestand. Besonders die Mädchen aus Sparta waren von Kindheit an durch die paramilitärische Erziehung an Sport gewöhnt und standen deshalb an der Spitze der Wettkämpfe.

Der heiligste Ort in der Altis von Olympia war der Altar des Zeus zwischen dem Zeus-Tempel und dem Hera-Tempel, aber es gibt keine Spur mehr von ihm. Er war berühmt in ganz Griechenland: ca. 10 m hoch aus Asche, Kohle und den Knochen tausender Tiere, geopfert in vielen Jahrhunderten. Um neue Op-

fer nach oben zu bringen, mussten die Priester Treppen anlegen. Gegen Mitte des ersten Tages der Spiele wurden hundert Tiere geopfert: ein echtes Schauspiel! Dem Gott bot man nur die Keulen und die Reste, das übrige gute Fleisch wurde an die Teilnehmer verteilt wie bei einem großen Fest.

Der zweite Tag begann mit dem Stadionlauf. Es war vielleicht das wichtigste Ereignis, da die Olympischen Spiele jeweils nach diesem Sieger zusätzlich benannt wurden. Das Stadion hatte ungefähr eine ähnliche Form wie die heutigen. Die Startlinie bestand aus einer Reihe von Platten, in die Rillen eingearbeitet waren, in die die Läufer ihre Zehen stellen mussten, ohne sie zu übertreten. Wer dies tat, wurde mit der Peitsche bestraft. Im 4. Jh. v. Chr. jedoch wurde ein Mechanismus eingeführt, der aus einem System aus Seilen und Querhölzern bestand. Diese Seile wurden gleichzeitig von einem in einer Vertiefung sitzenden Schiedsrichter fallengelassen. Die Position der Läufer beim Start war anders als heute, nämlich mit vorwärts gestreckten Armen.

⇦ Abb. 13
Diskobol (Lancellotti), römische Marmorkopie nach einem Bronzeoriginal des Myron, um 450 v. Chr., Rom, Nationalmuseum 126371.

Abb. 14
Diskuswerfer aus dem Film «Fest der Völker» (1936) in Anlehnung an den Diskobol des Myron.

Die Rennstrecke war 192 m lang, weil Herakles, der mythische Begründer der Spiele, diese Distanz in einem Atemzug gelaufen war. Wir haben keine Kenntnis von Messungen mit einer Wasseruhr, die es wahrscheinlich gegeben hat, und leider auch keine Zeitwertungen. Auf jeden Fall war es wichtiger, die Gegner zu überwinden als einen Rekord aufzustellen. Selbstverständlich blühten die Legenden auf. Auch heute erzählt man von einigen Läufern, sie seien nicht gelaufen, sondern geflogen.

Außer dem Stadionlauf, d. h. pure Schnelligkeit über eine Stadionlänge, existierte auch der Diaulos, einmal hin und zurück, den wir heute Mittelstreckenlauf nennen würden, und der Dolichos, eingeführt 720 v. Chr., der zwischen sieben, zwölf oder 24 Stadionlängen variierte, d. h. Läufe bis ca. 4,5 km, die man als Langstrecke definieren würde.

Der letzte Tag endete mit dem Lauf der Hopliten, Athleten, die völlig wie die Fußsoldaten des Heeres (Helm, Schwert, Schild, Beinschienen, d. h. ca. 25 kg) bewaffnet waren. Sie mussten im Stadion einen Diaulos laufen, eine echte Prüfung von Beweglichkeit und Kraft. Mit diesem Wettkampf endeten die Olympischen Spiele und der Waffenstillstand zwischen den verfeindeten Städten.

Es existierten aber auch – nicht als olympisch anerkannte – Disziplinen wie der Staffellauf, bei dem der Staffelstab eine brennende Fackel war. Es ist klar, dass diese Sportarten dazu dienten, um Kuriere auszubilden, die man in Krieg und Frieden brauchte. Berühmt ist die Geschichte von Pheidippides, der nach Herodot von Athen nach Sparta geschickt worden war, um Hilfe für den Krieg gegen die Perser zu holen. Er schaffte diese Strecke von mehr als 225 km anscheinend in zwei Tagen[19] (Abb. 15). Im Jahre 328 v. Chr. lief ein anderer namens Ageus sogleich nach Hause, nachdem er im Dolichos gesiegt hatte, und zwar die Strecke von Olympia bis Argos, ca. 100 km.[20]

Auf den grasigen Hängen des Stadions fanden 45 000 Zuschauer Platz, viele blieben bis zum Abend, um dann zu kochen, zu essen, schließlich zu bleiben und unter den Sternen zu schlafen. Dem Publikum waren

Abb. 15
Moderne Bronzestatue des Pheidippides an der Straße von Marathon nach Athen von Kosmas Tsolakos, 1997.

Schirme verboten, da sie die Sicht der Dahinterstehenden beeinträchtigt hätten. Und so musste man den Tag über in der Augustsonne braten.

Trotz der großen Schätze, die von verschiedenen Städten dem Heiligtum geschenkt und in den kleinen, *thesauroi* genannten Gebäuden ausgestellt wurden, gab es im Stadion seltsamerweise niemals Sitze oder Bänke aus Stein, wie es in vielen anderen Stadien üblich war. Vielleicht wollte man so die demokratische Tradition des gemeinsamen Sitzens auf dem Rasen ohne soziale Unterschiede bewahren.

Es gab nur zwölf steinerne Sitze in der Mitte der südlichen Langseite, auf denen die Schiedsrichter (*hellanodikai*) saßen. Auf der gegenüberliegenden Seite befand sich der Steinsitz der Priesterin der Demeter, Göttin der Fruchtbarkeit und der Vegetation, in Olympia noch früher als Zeus verehrt.

Ungefähr 1200 Jahre versammelten sich die Athleten der ganzen antiken Welt in Olympia, um ihr unter enormen Opfern erworbenes Können zu zeigen. Welche Belohnungen haben sie im Gegenzug erhalten? Einen Zweig von dem wilden Ölbaum beim Zeustempel, waren sie aber nach Hause zurückgekehrt, wurden sie mit Geschenken überhäuft: z. B. kostenlose Mahlzeiten auf Lebenszeit in Athen, eine Geldprämie im Gegenwert von 500 Schafen; sie wurden wie Heroen respektiert und wie Halbgötter verehrt. Die Olympioniken personifizierten das griechische Ideal der Tüchtigkeit (*arete*), des Kampfes um Perfektion. Sogar ihr Schweiß wurde wie eine Reliquie verehrt und als kostbare Ware angesehen; er wurde von der Haut mit einer Paste aus Öl und Sand geschabt, in Ampullen gefüllt und als Wundersalbe verkauft.

Leider sind von den ihnen in Olympia gewidmeten Denkmälern nur die Basen, aber nicht die Statuen erhalten, die sie in heroischer Pose und nackt wie die Götter darstellen.

Wir möchten mit zwei antiken Anekdoten schließen, die vor der brutalen Gewalt warnen wollten, die ohne Klugheit zum schlimmsten Feind werden kann.

Wir wissen, dass Poulydamas aus Skotoussa in Thessalien 408 v. Chr. im Pankration siegte. Er war so stark, dass man sich von ihm unglaubliche Geschichten erzählte. Er soll mit bloßen Händen einen gigantischen Löwen auf dem Berg Olymp getötet haben, einen Wagen in vollem Lauf angehalten und ein andermal einen wilden Stier an den Hufen festgehalten haben. Pausanias schreibt, dass er sich wie Herakles gefühlt habe. Sein Ruhm kam bis zu Dareios II. in Persien, der ihn an seinen Hof einlud, an dem er mit bloßen Händen drei Soldaten der Auswahlgarde des Königs, der sog. Unsterblichen, besiegte. Aber eines Tages, als er gerade mit seinen Freunden in einer Höhle rastete, begann die Decke herabzufallen. Poulydamas vertraute auf seine Stärke und versuchte sie mit den Händen zu halten, seine Freunde entkamen unverletzt, aber er selbst wurde von den Felsbrocken erschlagen.[21]

Milon von Kroton siegte im 6. Jh. v. Chr. sechsmal in Olympia im Ringkampf. Er wurde so gefürchtet, dass viele Gegner sich einem Wettkampf verweigerten. Er soll einen Stier auf seine Schultern geladen, ihn getötet und allein an einem Tag aufgegessen haben. Sogar seinen Tod umgibt ein Geheimnis. Sowohl Strabon als auch Pausanias berichten, dass er, als er gerade einen Wald bei Kroton durchquerte, auf einen jahrhundertealten Olivenbaum stieß, in dem Keile steckten. Diese fielen heraus, als er seine Hände hineinsteckte. Der Ärmste blieb gefangen und wurde eine leichte Beute für ein Rudel Wölfe.[22]

Spiele in der Frühzeit: Kreta und Mykene

Obwohl die Olympischen Spiele der Überlieferung nach erst 776 v. Chr. begannen, liegt der Ursprung der Wettkämpfe in ungewisser Frühzeit. Schon im Alten Ägypten erfreute sich der Pharao an Wettkämpfen im Bogenschießen, Wagenrennen und Segeln. Der Geist dieser Wettbewerbe hatte zwar eindeutige Bezüge zum Krieg, war jedoch ein reines Spektakel und wohl nicht mit der Religion verbunden.

Gleichzeitig existierte in Griechenland die Minoische Kultur, die auf der Insel Kreta blühte. Sie bringt die gleiche edle Eleganz wie die ägyptische Kunst zum Ausdruck. Nachfolger der Minoer waren die Mykener – z. B. die Griechen des Troianischen Krieges, die aus den Gebieten der Peloponnes stammten und ihre heftige Angriffslust auch im Sport erkennen ließen.

Das minoische Kreta

Der am häufigsten ausgeführte Sport auf Kreta in der ersten Hälfte des 2. Jts. v. Chr. war die Stierakrobatik (ταυροκαθάψια; Abb. 16), in etwa vergleichbar mit dem beliebten portugiesischen Stierkampf, aber viel eleganter und raffinierter. Zu diesem Zweck wurden Wildstiere aus der freien Natur gefangen.

Die Athleten hatten das Haar mit Bändern zu einer Art Pferdeschwanzfrisur zusammengebunden, trugen einen Schurz (περίζωμα) mit besticktem Gürtel, hohe Stiefel aus weichem Leder und goldene Armreife. Ihre geschmeidigen Sprünge über den Stier, den sie an den Hörnern packten, offenbaren eine symbiotische Beziehung zu diesem heiligen Tier, das vielleicht am Ende der Spiele geopfert wurde.

Das Spektakel gehörte zu den religiösen Festen unter dem Vorsitz des Herrschers und fand möglicherweise nicht im zentralen Innenhof der Paläste statt, wie bisher angenommen, sondern an einem geeigneten Platz neben dem Palast, wie es für Mallia vermutet wurde.

Der Faustkampf ist auf einem Fresko nachgewiesen, das in einem Haus auf der Insel Thera (heute Santorin) entdeckt wurde, das durch den Ausbruch des Vulkans in der zweiten Hälfte des 2. Jts. v. Chr. verschüttet wurde. Ein Paar junger Faustkämpfer mit geschmeidigen ephebenhaften Körpern, bekleidet mit einem Gürtel und nur einem Handschuh an der rechten Hand, tritt gegeneinander an (Abb. 17).

Die Mykener

Da die Mykener ein kriegerisches Volk waren, nutzten sie auch den Sport für ihre Ausbildung. Leider gibt es davon nur wenige Darstellungen. Aber vor allem von den Grabstelen und den Vasen kann man ableiten, dass der Ringkampf, der Faustkampf, der Wettlauf und die Wagenrennen bevorzugt wurden (Abb. 18).

Vieles wissen wir von Homer, dem epischen Dichter, der im 8. Jh. v. Chr. lebte. Er berichtet über den Krieg der Achäer gegen Troia am Ende des 2. Jts. v. Chr.[23] Er be-

Abb. 16 Stierspringer, Wandmalerei aus dem Palast von Knossos, 1500–1400 v. Chr., Heraklion, Archäologisches Museum T 15.

Abb. 17 Boxende Knaben, ca. 1500 v. Chr., Wandmalerei aus Thera, Athen, Archäologisches Nationalmuseum BE 1974-26.

schreibt die Wettkämpfe, die Achilleus anlässlich der Leichenspiele für seinen Freund Patroklos veranstaltet hat.[24] Er beginnt mit dem wichtigsten Wettkampf, dem Wagenrennen: zunächst das Herbeiholen und die Bekanntgabe der Siegespreise vom ersten bis zum fünften Platz, dann die Aufzählung der fünf Teilnehmer. Nach der ausführlichen Beschreibung des Rennens stehen die Sieger fest: Diomedes gewinnt den Wettkampf vor Antilochos, Menelaos, Meriones und Eumelos. Den Anfang dieses spannenden Wagenrennens erzählt Homer so:

> *Alle erhoben zugleich die Geißeln über*
> *den Pferden,*
> *Schlugen auf sie mit den Riemen und*
> *riefen ihnen mit Worten*
> *Stürmisch. Und die durchmaßen in*
> *Eile das ebne Gefilde*
> *Von den Schiffen hinweg, und unter*
> *den Brüsten erhob sich*
> *Staub und stieg dann auf wie Gewölk*
> *oder wirbelnder Sturmwind,*
> *und die Mähnen flatterten da im*
> *Wehen des Windes.*[25]

Dann geht es weiter mit dem Faustkampf, bei dem Epeios und Euryalos gegeneinander antreten und Epeios mit einem einzigen Schlag den Gegner niederstreckt:

> *... Da erhob sich der edle Epeios,*
> *Schlug den Spähenden gegen die Backe;*
> *er konnte nicht länger*
> *Stehen, und nieder brachen ihm da die*
> *glänzenden Glieder.*
> *Wie wenn unter dem Schauer des Nords*
> *ein Fisch in die Höhe*
> *Schnellt am Strande voll Tang, und die*
> *schwarze Woge verschlingt ihn:*
> *Schnellte geschlagen er hoch; doch der*
> *hochgemute Epeios*
> *Fing mit den Händen ihn auf.*[26]

Beim dritten Wettkampf, dem Ringkampf, stehen sich Aias, Sohn des Telamon, und Odysseus gegenüber und beenden ihn unentschieden.

Im vierten Wettbewerb, dem Wettlauf, fordern sich Aias, Sohn des Oileus, Odysseus und Antilochos gegenseitig heraus. Mit Hilfe von Athena schafft es Odysseus, als erster anzukommen, weil Aias im Ziel strauchelt und mit seinem Gesicht im Misthaufen landet!

Dann sind Aias, Sohn des Telamon, und Diomedes an der Reihe mit einem bewaffneten Duell; es endet mit einem Gleichstand nach dem Einspruch der Achäer, die befürchten, dass es für Aias schlecht ausgehe.

Dann wetteiferten Polypoites, Leonteus, wieder Aias, Sohn des Telamon, und Epeios beim Werfen mit der eisernen Scheibe; Polypoites gewinnt.

Im anschließenden Bogenschießen besiegt Meriones den Teukros, weil dieser vergessen hatte, wie sein Gegner dem göttlichen Bogenschützen Apollon Dankopfer zu versprechen.

Beim letzten Wettkampf, dem Speerwurf zwischen Agamemnon und Meriones verleiht Achilleus den Sieg und Siegespreis kampflos an Agamemnon. Mit dessen Zustimmung erhält jedoch der junge Meriones den Speer als Trostpreis.

Die Verbindung des Odysseus mit Athena und des Teukros mit Apollon bezeugt den religiösen Charakter der Wettkämpfe. Dies ist ein grundlegendes Element, das ab 776 v. Chr. bei den Olympischen Spielen fortgesetzt werden wird.

Das Zeitalter Homers (8. Jh. v. Chr.)

Ein radikaler Wandel in der griechischen Zivilisation vollzog sich im 12. Jh. v. Chr. mit der Invasion der Dorer, eines Volkes aus Illyrien, das mit seinen Eisenwaffen die stolzen Mykener unterwarf, die noch Bronzeschwerter benutzten.

In der Kunst wird die Zeit von etwa 1000 bis 700 v. Chr. wegen der typischen geometrischen Ornamente als «geometrischer Stil» bezeichnet. Man weiß wenig über diese Zeit, da es keine Schriftquellen, zumindest keine Literatur gab. Es dauert bis zur Geburt des Homer, vielleicht im 8. Jh. v. Chr., bis wir zwei Meisterwerke erhalten, die *Ilias* und die *Odyssee*, und man anfängt, mehr zu wissen. Problematisch ist jedoch, dass er von den mykenischen Helden so erzählt, als ob sie in seinem eigenen Jahrhundert gelebt hätten.

Da es sich um eine kriegerische Zivilisation handelte, war der Sport sehr wichtig für die Ausbildung junger Menschen und insbesondere der Aristokraten, die dann ihr Volk in die Schlachten führen mussten. Bei Homer ist jeder Heros ein Athlet. Wenn er also die Verfolgung des Hektor durch Achilleus unter den Mauern Troias beschreibt, vergleicht er sie mit zwei Wagenlenkern, die einen Preis gewinnen wollen.

In der *Ilias*, beim Tod des jungen Patroklos, organisiert sein Freund Achilleus die oben genannten Spiele. Wir wissen daher, dass die Wettkämpfe aus einem religiösen Begräbnisritual entstanden sind. Achilleus verteilt die Preise sowohl an die Gewinner als auch an die Verlierer: schöne Sklaven, Pferde, Ochsen, Maultiere, Dreifüße, Kessel, Becher, Objekte aus Gold und Eisen. Die Tatsache, dass auch die Herrscher an den Wettbewerben teilnehmen und die Verlierer Preise erhalten, ist eine Eigenschaft von großem Edelmut und Würde: Man nimmt teil, nicht um zu gewinnen, sondern um sein Können zu zeigen. Daraus wird ein aristokratisches Ideal aus Kraft, Intelligenz und Großmut der Seele ersichtlich, welches diese Heroen den mittelalterlichen Rittern um König Artus sehr ähnlich macht.

In der *Odyssee* hingegen bietet die Ankunft des Odysseus im Land der Phaiaken die Gelegenheit, über Spiele zu sprechen. König Alkinoos gibt ein Bankett mit musikalischer Begleitung. Dabei erzählt der Sänger Demodokos vom troianischen Krieg und bringt damit Odysseus zum Weinen. Dann ordnet der König Wettkämpfe an, damit der fremde Gast in Zukunft von der Überlegenheit der Phaiaken berichten könne.

Dabei gibt es eine interessante Episode. Laodamas, der Sohn des Alkinoos, lädt Odysseus ein, selbst an den Spielen teilzunehmen:

Fremder Vater, wohlan, versuche auch
du dich im Wettkampf,
Wenn du einen verstehst; es ziemte dir
solche zu kennen.
Ist doch größer kein Ruhm für den
Mann, solang er am Leben,
Als das, was er vollbringt mit seinen
Füßen und Händen ...

Aber der müde Odysseus weigert sich:

Was, Laodamas, fordert ihr dies von mir
und verhöhnt mich?
Liegt mir doch meine Sorge näher am
Herzen als Wettkampf ...

Dann spricht Euryalos, Sohn des Naubolos:

Fremder, du scheinst mir keiner,
der sich in Spielen des Wettkampfs
Auskennt, ...
Immer auf Fracht bedacht und
Ausschau haltend nach Ladung
Und erhofftem Gewinn; du gleichst
nicht einem Athleten.[27]

Auf diese Weise bezweifelt Euryalos die aristokratische und königliche Abstammung des Odysseus. Dieser fühlt sich daraufhin beleidigt:

Mir erregst du das Herz in der Brust mit dem, was du eben nicht gebührend gesagt.

Er packt einen besonders schweren Diskos und wirft ihn weiter als alle. Er lädt nun die Phaiaken ein, ihn herauszufordern, aber nicht Laodamas:

Denn er bewirtet mich gastlich; wer kämpfte schon gegen den Gastfreund?[28]

Aus dieser Episode ergibt sich eine fast vornehme Ethik der Spiele. Das bedeutet natürlich nicht, dass der Sport ein Vorrecht der Aristokraten gewesen wäre, aber zweifellos genossen diese einen besseren sportlichen und ethischen Unterricht als die Soldaten, die ihn stattdessen nur durch die Praxis erlernt hatten.

Die dekorierte Keramik der geometrischen Zeit war vorwiegend für Begräbnisrituale bestimmt, und deshalb ist es kein Zufall, dass sie uns hauptsächlich Wettbewerbe wie Ringkampf, Faustkampf und Wagenrennen zeigt, die offensichtlich auf die Leichenspiele zu Ehren eines Verstorbenen hinweisen, wie sie Achilleus für Patroklos veranstaltet hat.

Mythische Wettkämpfe

In Griechenland war der Wettkampf immer ein allgegenwärtiger Bestandteil der Mythen. Die Götter besiegten die aufständischen Giganten – die die Impulse und chaotischen Kräfte der Natur, das Chaos (χάος) symbolisierten, um die soziale Ordnung, den Kosmos (κόσμος), zu stabilisieren. Es handelt sich um einen grundlegenden Mythos, und das erklärt auch, warum wir ihn oft in Darstellungen finden, vom archaischen Tempel auf der Akropolis in Athen bis zum hellenistischen Pergamonaltar.

Im West-Giebel des Zeus-Tempels in Olympia war der Kampf zwischen den Kentauren und den Lapithen zu sehen mit Apollon in der Mitte, der als Richter fungierte (Abb. 19–21).

Die großen Taten der Heroen wie Herakles und Theseus müssen auch die Werte des Sports beeinflusst haben. Vor allem Herakles galt in der griechischen Mythologie als der Held *par excellence* (Abb. 22) und er war der einzige Mensch, der in den Olymp aufgenommen wurde, nachdem er die zwölf Arbeiten gemeistert hatte, wie z. B. die Vernichtung der neunköpfigen Hydra von Lerna (Abb. 23).

Im West-Giebel des Parthenons ist der Streit zwischen Poseidon und Athena um die Schirmherrschaft über die Stadt dargestellt. Poseidon stößt seinen Dreizack in den Felsen und lässt eine Salzquelle entspringen, Athena lässt einen Ölbaum wachsen. Sie gewann und gab der Stadt ihren Namen.

In der *Ilias* sagt Glaukos, sein Vater Hippolochos, Sohn des Bellerophon, habe ihn immer ermahnt, stets der Beste zu sein und alle anderen zu überragen. Das verhinderte aber nicht, dass der junge Heros vom Speer des Aias, Sohn des Telamon, durchbohrt wurde.[29]

Atalante besiegt Peleus im Pankration bei den Leichenspielen zu Ehren des Pelias. Theseus siegt mit Kampftechniken, die denen des

Abb. 19
Kentauromachie (Kampf zwischen Kentauren und Lapithen), Olympia, Westgiebel des Zeus-tempels, Olympia, Archäologisches Museum.

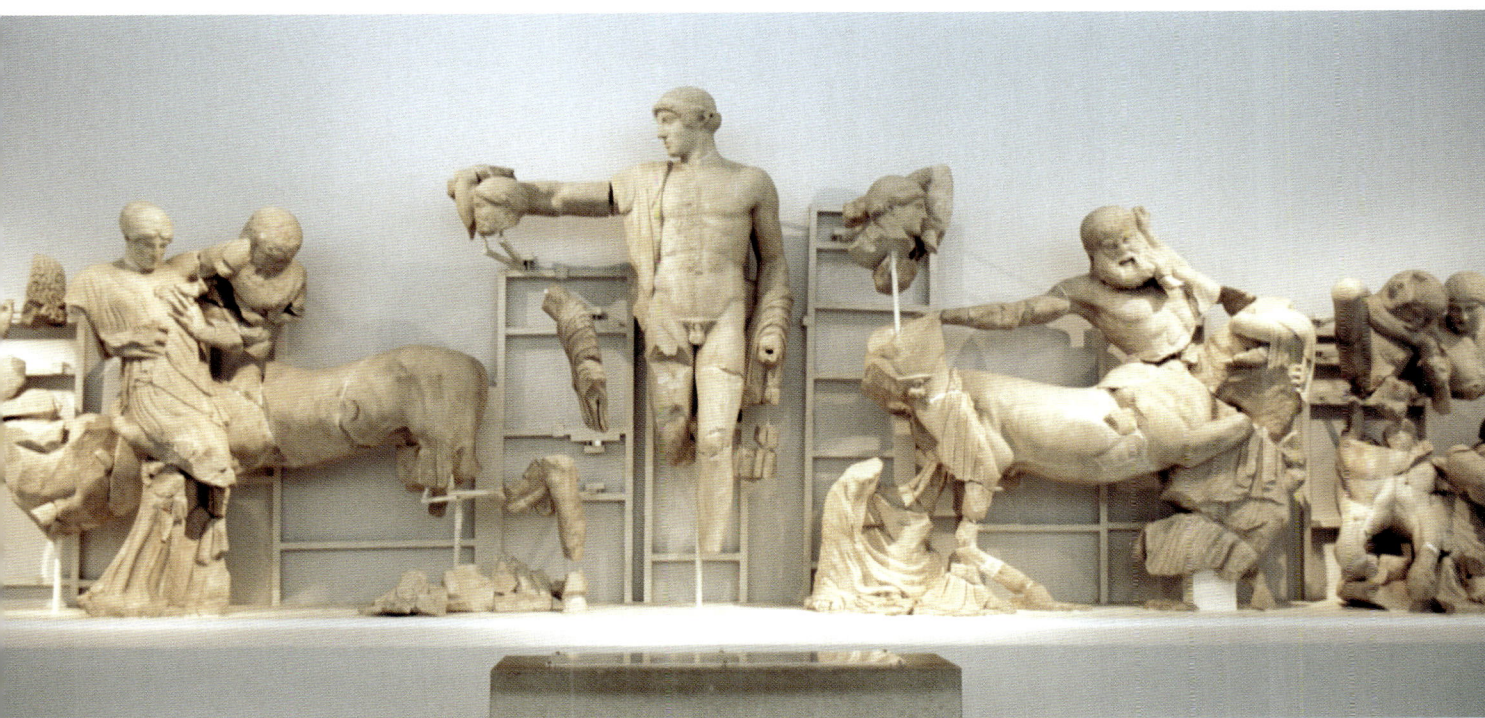

Abb. 20
Apollon, der als Richter
den Kampf zwischen
Kentauren und Lapithen
fungiert, Olympia, West-
giebel des Zeustempels,
Olympia, Archäologisches
Museum.

↑ Abb. 21
Olympia, Westgiebel des
Zeustempels, Olympia,
Archäologisches Museum.

Abb. 22
Sog. Herakles Farnese
des Glykon (3. Jh. n. Chr.),
römische Marmorkopie
nach einem Bronzeoriginal
des Lysippos (4. Jh. v. Chr.),
Neapel, Archäologisches
Nationalmuseum 6001.

Abb. 23
Kampf des Herakles gegen die Hydra von Lerna, Caeretaner Hydria des Adler-Malers, um 520–510 v. Chr., Malibu, Getty Museum 83.AE.346.

Abb. 24
Innenbild einer attisch rotfigurigen Kylix des Kodros-Malers mit sieben Taten des Theseus, über dem Mittelbild (Theseus und Minotauros) der Ringkampf zwischen Theseus und Kerkyon, um 440 v. Chr., London, Britisches Museum E 84.

Abb. 25
Kampf des Herakles mit Antaios, attisch rotfiguriger Kelchkrater des Euphronios (sog. Antaios-Krater), um 515–510 v. Chr., Paris, Louvre G 103.

Abb. 26
Ein siegreicher Athlet trägt einen Dreifuß, attisch schwarzfigurige Amphora, 575–525 v. Chr., Kopenhagen, Nationalmuseum Chr.VIII 322.

Pankration ähneln, sowohl über den Minotauros als auch über den Kerkyon (Abb. 24). Auch Herakles geht als Sieger im Kampf mit Antaios hervor (Abb. 25).

Wie bei mittelalterlichen Turnieren war die Brautwerbung oft von einem Sieg abhängig. Odysseus bekam Penelope, nachdem er die anderen Freier im Wettlauf besiegt hatte. In Olympia gewann Pelops die Hand der Hippodameia, nachdem er ihren Vater Oinomaos im Wagenrennen überwunden hatte.

Auch andere sportliche Disziplinen hatten einen heroischen oder beinahe göttlichen Ursprung; so erfand Iason den Pentathlon (Fünfkampf) und Apollon den Faustkampf. Und selbst in der Musik gab es Wettbewerbe, wie der zwischen Apollon und Marsyas oder zwischen den Musen und Sirenen.

All dies bedeutet, dass die Griechen die sportlichen Aktivitäten der Menschen in den Bereich der Helden und Götter erhoben und ihnen einen erhabenen und idealen Charak-

ter verliehen haben – eine Vorstellung, die über die Jahrhunderte bis heute andauert (Abb. 26).

Die Spiele und die Religion

Die Spiele waren ursprünglich immer mit der Religion verbunden[30], was vor allem bei ländlichen Festen zu erkennen ist. So rannten bei den Karneia in Sparta die Jungen mit schweren Trauben und wurden deshalb als Staphylodromoi (Traubenläu-fer) bezeichnet; dies sollte gute Ernten für die Zukunft garantieren (Abb. 27). Übrigens kann die Beziehung zwischen den Spielen und der Landwirtschaft auch an der Art der Wettkampfpreise erkannt werden: Kränze aus Olivenzweigen bei den Olympischen Spielen (Abb. 28), aus Kiefernzweigen bei den Isth-mischen Spielen, aus Lorbeerzweigen bei den Pythischen Spielen und schließlich aus Selle-rieblättern bei den Nemeischen Spielen.

Ein zweiter Ursprung ist in den Begräb-nisritualen zu finden. Achilleus veranstaltete Spiele zu Ehren des verstorbenen Patroklos; die in den Schlachten von Marathon, Plataiai und Leuktra Gefallenen wurden ebenso geehrt; Alexander der Große würdigte in Babylon sei-nen Freund Hephaistion mit Spielen, an denen bis zu dreitausend Wettkämpfer teilnahmen!

Offensichtlich standen Leben und Tod für die antiken Griechen in einer andauernden dialektischen Beziehung, und wie Altes ver-geht und Neues entsteht, so nehmen die jun-gen Athleten von den Toten, zu deren Ehre sie wetteifern, die notwendige Kraft um zu gewinnen.

Dies erklärt, warum die ersten Spiele von den Heiligtümern organisiert wurden. All-mählich setzte sich jedoch der weltliche Cha-rakter des Sports durch, so dass die Wett-kämpfe von den Poleis organisiert wurden, die auch für die Förderung und die Ausbil-dung junger Menschen zuständig waren.

Aus diesem Grund wurde im 4. Jh. v. Chr. in Olympia mit dem Bau der Echohalle das Stadion von der Altis getrennt. Im Laufe der Zeit setzte sich immer mehr der Individua-lismus der Sieger durch, auch wenn sie ihren Sieg weiterhin einer Gottheit widmeten.

Die Rolle des Sports in der Erziehung der griechischen Jugend: die *paideia*

Ὁ μὴ δαρεὶς ἄνθρωπος οὐ παιδεύεται.
Nicht recht erzogen wird ein nicht geschundener Mensch.
(Menander[31])

Der Wettkampfgeist

D er Wettkampfgeist (das agonistische Prinzip), an sich charakteristisch für die Menschen, stellte eine ureigene Eigenschaft der griechischen Kultur in all ihren Erscheinungsformen dar. Vielleicht lag dies an dem demokratischen System, das es jedem ermöglichte, mit seinen Fähigkeiten hervorzutreten und die Ehre zu erlangen, «der Beste zu sein». Diese Regierungsform erlaubte das sog. *griechische Wunder*[32], weil das Land damals von absoluten und theokratischen Reichen mit machtvoller Aristokratie umgeben war, man denke vor allem an Ägypten. In der *Ilias* heißt es:

Peleus aber, der Greis trug auf seinem Sohne Achilleus,
Immer der Beste zu sein und ausgezeichnet vor andern.[33]

Diese Wettbewerbsfähigkeit findet sich in allen gesellschaftlichen und künstlerischen Veranstaltungen wieder. Der Vasenmaler Euthymides (Ende des 6. / Anfang des 5. Jhs. v. Chr.) schreibt auf eine seiner Vasen: «Euthymides, Sohn des Polias, hat es gezeichnet, wie niemals Euphronios» und verspottet so seinen Rivalen.[34] Auf die Basis der Nikestatue, die bei dem Zeustempel in Olympia stand, schrieb der Bildhauer: «Die Messenier und Naupaktier weihten

dies dem olympischen Zeus als den Zehnten aus der Kriegsbeute. Paionios von Mende hat es gemacht und er siegte [beim Wettbewerb um den Auftrag] für die Akrotere des Tempels.»[35]

Auch die Schriftsteller nahmen mit ihren Tragödien und Komödien an Wettbewerben teil, die im Dionysos-Theater in Athen während der Dionysia (Feste für Dionysos) stattfanden (Abb. 30).[36]

Abb. 29
Zuschauer auf einer Tribüne bei einem Wagenrennen, attisch schwarzfiguriges Fragment eines Dinos des Sophilos, 600–550 v. Chr., Athen, Archäologisches Nationalmuseum 15499.

Die Erziehung der Jungen

Die jungen Griechen wuchsen mit verschiedenen Vorbildern auf: Herakles, der nach zwölf Arbeiten von den Göttern in den Olymp aufgenommen wurde, Achilleus, der Zerstörer von Troia, und Theseus, der das schreckliche Monster, den Minotaurus, auf Kreta getötet hat. Mit dem Hellenismus kam auch Alexander der Große hinzu.

«Ein gesunder Geist in einem gesunden Körper» (*mens sana in corpore sano*) war die Maxime[37], und so wurde in den Gymnasien Sport, Musik, Mathematik, Geometrie und Literatur unterrichtet). Obwohl wir nicht viel über die Gesetze und das Schulsystem wissen, können wir dennoch schlussfolgern, dass es öffentliche und private Schulen gab und dass die Ausbildung der Jugendlichen, die Paideia (παιδεία), teilweise zu Lasten des Staates und teilweise der Familien ging.[38]

Aus den Fragmenten der Gesetzgeber Solon in Griechenland und Charondas von Catania auf Sizilien (6. Jh. v. Chr.) gewinnt man den Eindruck, dass eine Schulausbildung verbindlich war. Es ist jedenfalls sicher, dass bereits im 6. Jh. v. Chr. die Mehrheit der griechischen Bürger lesen und schreiben konnte.[39] All dies, um gute Bürger herauszubilden. Nur die Programme variierten von Stadt zu Stadt, je nach Tradition und Regierungsform.

⇦ Abb. 30 (li.)
Sappho und Alkaios, attisch rotfiguriger Kalathos des Brygos-Malers, um 470 v. Chr., München, Antikensammlungen 2416.

Abb. 31 (re.)
Kalathiskos-Tänzer, lukanisch rotfiguriger Volutenkrater des Karneia-Malers, um 410 v. Chr., Tarent, Nationalmuseum IG 8263.

Sparta

Die militärische Verfassung von Sparta sah für seine 5000 Männer im 5. Jh. v. Chr. eine militärische Ausbildung vor, um perfekte Soldaten heranzuziehen. Auf diese Weise hatte Sparta die Hegemonie über Griechenland, zumindest bis zur Niederlage von Leuktra im Jahr 371 v. Chr., die stattdessen zur Hegemonie von Theben führte.

In keiner Stadt Griechenlands wurden die jungen Menschen so sehr ermahnt, dem Heldenmut der Krieger nachzueifern, damit ihre Aufmerksamkeit nie vom Krieg ablenkt werde. Tyrtaios, ein spartanischer Dichter aus dem 7. Jh. v. Chr., schrieb Kampfaufrufe (ὑποθῆκαι) und Kriegslieder (ἐμβατήρια). Es ist kein Zufall, dass sein bedeutendstes Lied mit folgenden Versen beginnt:

τεθνάμεναι γὰρ καλὸν ἐνὶ προμάχοισι πεσόντα
ἄνδρ' ἀγαθὸν περὶ ᾗ πατρίδι μαρνάμενον.
Schön ist der Tod, wenn der edle Krieger im vordersten Treffen
Für das Vaterland ficht und für das Vaterland stirbt![40]

Heute begeistern uns seine Gedichte, die von jungen Spartanern mit solcher Leidenschaft gesungen wurden, nicht mehr — verständlich nach einem Weltkrieg mit 55 Millionen Toten — stattdessen werden friedliche Sportwettbewerbe bevorzugt.

Das bedeutet aber nicht, dass die Spartaner ungeschliffen und unkultiviert waren. Sparta war ein blühendes kulturelles Zentrum mit bedeutenden Leistungen. Die großen Dichtungen des Tyrtaios und Alkman, die Keramik und die Bronzewerke, die als «lakonisch» bezeichnet werden, wurden geschätzt. Von der Architektur ist der Thron des Apollon in Amyklai berühmt gewesen (heute nicht mehr erhalten). Plutarch und Strabon berichten, dass Sparta in der archaischen Zeit ein berühmtes Musikzentrum war, in dem Terpander die Harmonien erweiterte und sieben Saiten (*heptachordos*) anstelle der bis dahin vier Saiten (*tetrachordos*) einführte.[41]

Berühmt waren auch drei Apollon-Feste, bei denen unsicher ist, ob Agone veranstaltet wurden. Bei den Hyakinthia zu Ehren von Apollon Hyakinthos gab es musische und hippische Darbietungen: Spielen auf der Kithara und den Auloi, Chöre, Tänze und Pferdeparaden. Bei den Gymnopaidia traten drei Männerchöre auf, Knaben, Männer und Greise. Bei dem dritten Fest, den Kar-

⇦ Abb. 32
Laufende Mädchen, schwarzfigurige Hydria des Micali-Malers, 510–500 v. Chr. Rom, Vatikanische Museen 14959 oder H 4387.

neia zu Ehren des Apollon Karneios, soll Terpander im 7. Jh. v. Chr. den Kitharoden-Wettkampf gewonnen haben. Ansonsten weiß man nur noch von einem Tanz junger Mädchen, dem sog. Kalathiskostanz, bei dem ein korbförmiger Aufsatz auf dem Kopf getragen wurde – ähnlich den Karyatiden (Abb. 31).[42] Bei einem Fest für Artemis Orthia fanden

zwei ungewöhnliche musische Wettbewerbe für Knaben statt. Für Mädchen gab es laut Plutarch[43] Laufwettbewerbe (Abb. 32).

Die Athleten aus Sparta führten nach Thukydides[44] bei den Olympischen Spielen zwei Neuerungen ein: die völlige Nacktheit und das Einreiben des Körpers mit parfümierten Ölen.

Athen

Und in der Erziehung bemühen sich die anderen [die Spartaner] mit angestrengter Übung als Kinder schon um Mannheit, wir aber mit unsrer ungebundenen Lebensweise wagen uns trotz allem in ebenbürtige Gefahren. Der Beweis: die Spartaner rücken nicht für sich allein, immer nur mit dem ganzen Bund gegen unser Land aus, während wir selbst, wenn wir unsre Gegner heimsuchen, unschwer in der Fremde die Verteidiger ihrer Heimat im Kampfe meist besiegen.[45]

So sprach Perikles, der Führer der Athener Demokratie, in seiner Totenrede, die bei Thukydides überliefert ist. Er pries die moderne Erziehung in Athen (frei und demokratisch) im Gegensatz zu der archaischen Erziehung in Sparta (streng und militärisch).

Die grundlegenden Fächer waren Gymnastik, Tanz und Musik, natürlich ergänzt durch Grammatik, Mathematik und Geometrie. Es war eine Erziehung, die aus den aristokratischen Idealen der athenischen Gesellschaft hervorgegangen ist, die aus Reedern und Grundbesitzern bestand. Zusammengefasst im Prinzip von *kalos* (schön) und *agathos* (gut, edel), aus denen das pädagogische Prinzip der *kalokagathia* hervorging. Platon beschreibt in einem seiner Dialoge[46] einen jungen Mann, Charmides, als *pankalos* (sehr schön), der beim Betreten der Palaistra die Blicke aller auf sich zog, als wäre er eine Statue.

Hinzu kommt, dass ab Mitte des 4. Jhs. v. Chr. die athenische Jugend (*ephebeia*), junge Männer im Alter von 16 bis 20 Jahren, verpflichtet war, vier Jahre lang in der Armee

zu dienen: in den ersten beiden Jahren als Hopliten (d. h. bewaffnet mit Speer, Helm, Schild und Beinschienen) an den Grenzen von Attika. Der Dienst und damit die Ephebeia endete mit einem feierlichen und außergewöhnlich modernen Treueeid auf die Heimat:

Ich werde nicht entbehren die heiligen Waffen und ich werde nicht verlassen meinen Kampfgenossen, wo immer ich aufgestellt sein werde. Ich werde kämpfen für den Schutz des Heiligen und Geheiligten und werde nicht geringer übergeben das Vaterland, sondern größer und besser, sowohl mit meinen (eigenen) Kräften als auch zusammen mit allen, und ich werde gehorchen denen, die jeweils herrschen, mit Bedacht, und den Satzungen, die eingesetzt sind, und denen, die künftig eingesetzt werden, mit Bedacht. Wenn jemand (sie) aufheben will, werde ich es nicht zulassen, sowohl mit meinen Kräften als auch zusammen mit allen, und werde ehren die traditionellen Heiligtümer.[47]

Im 5. Jh. v. Chr. veränderte sich mit der Reform der bisherigen aristokratischen Verfassung zugunsten einer eher demokratischen auch das Schulsystem: Junge Menschen gingen zur Schule (meist privat), um lesen, schreiben und musizieren zu lernen. Auf einer attisch-rotfigurigen Schale ist das Innere einer dieser Schulen dargestellt. Auf der A-Seite ist links der Musikunterricht (Lyra) mit dem Lehrer und dem Schüler dargestellt; anschließend der Grammatiklehrer mit einer Papyrusrolle; rechts betreut ein weiterer Lehrer den

Unterricht (Abb. 33). Auf der B-Seite sieht man von links nach rechts den Unterricht mit Blasinstrumenten (Auloi), dann die Schreibstunde und wieder einen Lehrer.

Warum eigentlich Musik? Vielleicht kann Platon die Antwort geben:

Die übrigen Lebewesen nun hätten kein Gefühl für Ordnung und Unordnung in den Bewegungen, für das also, was Rhythmus und Harmonie heißt.[48]

Es ist also die Musik, die Menschen von Tieren unterscheidet, und so schien es richtig, in den Musikunterricht zu investieren. Und noch einmal Platon:

Wie auch das Zeitmaß [der Rhythmus] aus dem Schnellen und Langsamen, vorher freilich entzweiten, hernach aber einig gewordenen, entsteht. Eintracht nun weiß allem diesem wie dort die Heilkunst, so hier die Tonkunst einzuflößen, indem sie gegenseitig jedem Liebe und Wohlwollen einbildet.[49]

So dienten Gymnastik und Athletik zur Stärkung des Körpers, aber mit Musikbegleitung dienten sie der Verschmelzung von Körper und Geist (Abb. 34). Wie Perikles sagte:

Wir lieben das Schöne und bleiben schlicht, wir lieben den Geist und werden nicht schlaff[50].

Genau dieses Prinzip machte das klassische Athen zu einem Modell für die westliche Bildung — auch heute noch.

All dies geschah an angenehmen Orten, in den Stoai (Wandelhallen), in der Nähe von Brunnen, Bäumen und blühenden Pflanzen

Abb. 33
Unterrichtsszene, attisch rotfigurige Kylix des Douris, 490–480 v. Chr., Berlin, Antikensammlung F 2285.

Abb. 34
Weitspringer, begleitet von einem Auleten, attisch rotfigurige Kylix des Douris, 490–480 v. Chr., Basel, Antikenmuseum Kä 425.

Abb. 35
Pergamon, Oberes
Gymnasion.

(Abb. 35). Platon und Plutarch erwähnen einige private Palaistren: die des Sibyrtios, des Taureas, des Mikkos und des Hippokrates, die hauptsächlich in den unmittelbaren Vororten der Stadt lagen.

In dem Dialog *Lysis* stellt sich Platon vor, dass Sokrates einige Jugendliche trifft, die ihn einladen, sie in die neue Palaistra des Mikkos zu begleiten, wo er schöne und gute Jugendliche treffen könne — die gleichen, die dann 399 v. Chr. sein Todesurteil wegen Asebeia

oder, wie es Theodor Gomperz sagt, wegen der Freiheit des Denkens und des Nachforschens provoziert haben.[51]

Die bekanntesten Schulen in Athen waren die Akademie, in der Platon, und das Lykeion, in der Aristoteles lehrten, und es ist kein Zufall, dass die westlichen Schulgebäude noch heute Gymnasion, Lyzeum und Akademie genannt werden, da sie die Grundlage für das logische und philosophische Denken in Europa waren.[52]

Die wichtigsten Spiele in Griechenland

Im antiken Griechenland waren die Panathenaia in Athen und die vier panhellenischen Spiele, die gesamtgriechischen Agone
(πανελλήνιοι ἀγῶνες), die bekanntesten, die
in Olympia die berühmtesten. Von denen sagt
Pindar:

> [...] wenn du aber Kampfspiele
> anzustimmen

> begehrst, mein Herz,
> spähe nicht mehr neben der Sonne
> nach einem anderen Gestirn, [...]
> einen Wettkampf, mächtiger als
> Olympia, werden wir nicht nennen![53]

Auch die anderen drei panhellenischen Spiele,
die Pythia in Delphi, die Isthmia in Isthmia
und die Nemea in Nemea (Abb. 36), galten

Abb. 36
Zentren der wichtigsten
Spiele in der antiken
griechischen Welt (magenta-
farbene Punkte)

als eine Gelegenheit für die Athleten und Trainer, Künstler und Lehrer, anderen das Ergebnis ihrer Bemühungen im Sport und in der Musik zu zeigen.

An allen diesen Spielen konnten aber nur Griechen teilnehmen, was ihre nationale Einheit bekräftigte. Sie verteilten sich nämlich durch ihre Kolonien auf alle Regionen rund um das Mittelmeer: von Tartessos in Spanien bis Marseille in Frankreich, von Süditalien bis Sizilien, von Olbia am Schwarzen Meer bis Naukratis und Alexandria in Ägypten, von Antiochia am Orontes in Syrien bis Kyrene und Apollonia in Libyen. Allerdings hatten sie vor allem eines gemeinsam, die Sprache, aber auch die Mythen und Gottheiten.

Um dieses Gefühl der Einheit zu verstehen, sind die Worte des Isokrates in seinem *Panegyrikos* bedeutend und bewegend, in dem der Redner die symbolische Bedeutung der Olympischen Spiele und des konsequenten Olympischen Friedens aufzeigt. Gleichzeitig nimmt er die Gelegenheit war, den Zusammenhalt der Städte (*poleis*) zu fordern, insbesondere derjenigen, die gegeneinander kämpfen:

(43) Zu Recht freilich werden die Begründer der Festversammlungen gelobt, weil sie uns einen Brauch schenkten, dem wir dies zu verdanken haben: Wir versprechen uns gegenseitig Waffenstillstand, beenden bestehende Feindseligkeiten untereinander und kommen alle an einem Ort zusammen. Dann beten und opfern wir gemeinsam, erinnern uns an unsere verwandtschaftliche Beziehung zueinander und zeigen uns für die Zukunft versöhnlicher, erneuern alte Freundschaften und knüpfen neue freundschaftliche Bande.

(44) Außerdem ist der Aufenthalt bei diesen Festversammlungen weder für die gewöhnlichen Leute noch für die mit besonderen Talenten Begabten vergeudete Zeit: Vielmehr können die einen der dort versammelten Griechen ihre Begabung zur Schau stellen, die anderen können zusehen, wie diese miteinander wetteifern. Keiner also verbringt dort seine Zeit unwillig, sondern jeder hat etwas, worauf er stolz sein kann: Die einen, wenn sie sehen, wie die Athleten sich um ihretwegen abmühen, die anderen, wenn sie bedenken, daß alle gekommen sind, um sie zu sehen. Wenn also unsere gemeinsamen Zusammenkünfte soviel Positives bewirken, so steht auch unsere Polis mit ihrem Beitrag nicht hinter anderen zurück.[54]

Die fremden Völker, Barbaren genannt, weil sie nicht griechisch sprachen, wurden völlig ausgeschlossen. Sogar Alexander der Große, der König der Makedonen, musste zunächst seine griechische Herkunft nachweisen, als er an den Olympischen Spielen teilnehmen wollte.[55]

Die Panathenäischen Spiele in Athen

Das große Fest der Stadt Athen waren die Panathenaia (τά Παναθήναια). Ursprünglich fand es wohl jedes Jahr statt, bis der Tyrann Peisistratos (reg. 546/545–527 v. Chr.) beschloss, die Großen Panathenaia einzurichten, die alle 4 Jahre (im dritten Jahr jeder Olympiade) Ende Juli / Anfang August unter dem Schutz der Stadtgöttin Athena stattfinden sollten. Im 5. Jh. v. Chr. ließ Perikles, Förderer des Parthenonbaus, neben dem Theater des Dionysos das Odeion bauen, um auch Musikwettbewerben mehr Raum und Geltung zu geben.

Für die Panathenaia waren zehn Kampfrichter (Agonotheten oder Athlotheten) verantwortlich. Die musischen Agone bestanden aus den bekannten Wettkämpfen der Rhapsoden, Kitharoden, Auloden, Kitharisten und Auleten, sowie Chor- und szenischen Agonen. Die gymnischen Agone enthielten alle Lauf- und Kampfwettbewerbe, die hippischen die üblichen Pferde- und Wagenrennen. Zum Abschluss gab es einen Pyrrhiche-Agon (Waffentanz).

Die Preise bestanden aus Panathenäischen Preisamphoren, großen bemalten Vasen, die mit Öl von den heiligen Olivenbäumen gefüllt waren. Auf der einen Seite war Athena Promachos (die Vorkämpferin) mit Lanze, Helm, Schild und einer kleinen geflügelten Nike dargestellt, auf der anderen Seite die Sportart des Siegers (Abb. 37. 38).

Lieder und Fackelläufe dienten dazu, die Athener in der Nacht zuvor wachzuhalten. Am 28. des Monats Hekatombaion fand dann das große Ereignis statt: die Prozession als Höhepunkt des Festes. Der Festzug begann am Dipylontor des Kerameikos, überquerte die Agora, führte am Aeropag vorbei, erreichte die Propyläen und endete — symbolisch begrüßt von den Karyatiden des Erechtheion (Abb. 39) — am Eingang des Parthenon (auf der Ostseite).

Dieser «Panathenäenzug» ist im Fries des Parthenon von Pheidias dargestellt worden (Abb. 40. 41). Auf diesem sind verschiedene Gruppen der athenischen Bürgerschaft zu sehen, die allerdings nicht immer eindeutig zu benennen sind: Amtsträger der Polis (Archonten, Prytanen, Strategen), Reiter und Wagenlenker, Opferdiener und Opfertiere, Musiker, Mädchen mit Opfergefäßen, Athleten und vielleicht auch Kampfrichter oder die eponymen Phylenheroen. An der Ostseite trifft der Zug auf zwölf sitzende Götter; in der Mitte wird das wichtigste Ereignis gezeigt: die Übergabe des neuen Peplos.

Die athenischen aristokratischen Jungfrauen brachten das neue Gewand zur chryselephantinen (d. h. aus Gold und Elfenbein gefertigt) Statue der Göttin[56] in die Cella des Parthenon (Abb. 42). Auf dem purpurnen Peplos mit Goldstickerei war Athena darstellt, die mit den anderen Göttern gegen die Giganten kämpft: ein allegorischer Kampf zwischen der göttlichen Ordnung (kosmos) und der Unordnung der Aufständigen (chaos). Dieser himmlischen und göttlichen Ordnung — dargestellt in den Giebeln (Abb. 43), in den Metopen und auf dem Peplos — stand die irdische Ordnung der athenischen Gesellschaft im Fries gegenüber, auf dem auch die jungen Söhne, die Epheben, zu sehen sind, auf die die Stadt wegen ihrer hervorragende Ausbildung stolz war.

Abb. 37 Athena Promachos, attisch schwarzfigurige panathenäische Amphora, 500–450 v. Chr., Compiègne, Musée Vivenel 986.

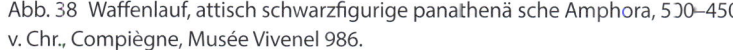

Abb. 38 Waffenlauf, attisch schwarzfigurige panathenäische Amphora, 500–450 v. Chr., Compiègne, Musée Vivenel 986.

Abb. 39 ⇧
Karyatide am Erechtheion
auf der Akropolis
von Athen, Marmor.

Abb. 40 ↗
Akropolis von Athen.

Abb. 41
Detail des Parthenon-
frieses (Nordfries, Platte VI):
Jünglinge im Panathe-
näischen Festzug tragen
Hydrien, 447–422 v. Chr.,
Marmor, Athen, Akropolis
Museum.

⇦ Abb. 42
Rekonstruktionszeichnung der Cella des Tempels der Athena Parthenos, Adolf Closs, 1882.

⇩ Abb. 43 a.b
Rekonstruktion des West- und Ostgiebels des Parthenon, Athen, Archäologisches Nationalmuseum.

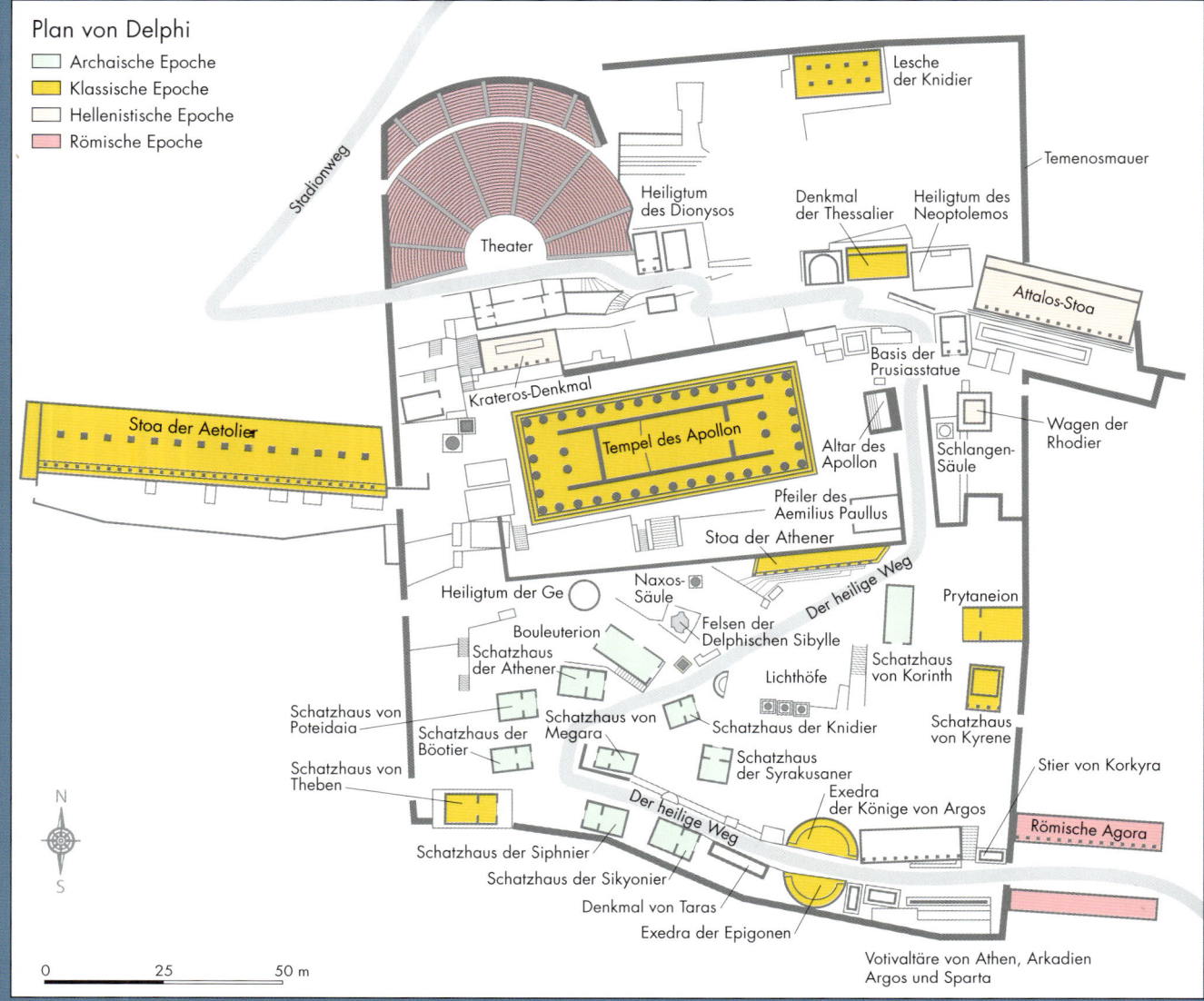

Plan von Delphi

- Archaische Epoche
- Klassische Epoche
- Hellenistische Epoche
- Römische Epoche

Stadionweg

Theater

Heiligtum des Dionysos

Lesche der Knidier

Denkmal der Thessalier

Heiligtum des Neoptolemos

Temenosmauer

Attalos-Stoa

Krateros-Denkmal

Basis der Prusiasstatue

Wagen der Rhodier

Stoa der Aetolier

Tempel des Apollon

Altar des Apollon

Schlangen-Säule

Pfeiler des Aemilius Paullus

Stoa der Athener

Heiligtum der Ge

Naxos-Säule

Der heilige Weg

Prytaneion

Bouleuterion

Felsen der Delphischen Sibylle

Schatzhaus der Athener

Lichthöfe

Schatzhaus von Korinth

Schatzhaus von Poteidaia

Schatzhaus von Megara

Schatzhaus der Knidier

Schatzhaus von Kyrene

Schatzhaus der Böotier

Schatzhaus der Syrakusaner

Stier von Korkyra

Schatzhaus von Theben

Exedra der Könige von Argos

Römische Agora

Der heilige Weg

Schatzhaus der Siphnier

Schatzhaus der Sikyonier

Denkmal von Taras

Exedra der Epigonen

Votivaltäre von Athen, Arkadien Argos und Sparta

0   25   50 m

N   S

Abb. 44 Plan des Apollonheiligtums in Delphi.

Die Panhellenischen Spiele

Delphi: Die Pythischen Spiele

Die Pythischen Spiele (τά Πύθια) von Delphi waren dem Schutzgott des Heiligtums, dem Apollon Pythios, gewidmet, weil er die Schlange Python getötet und das Orakel von Delphi gegründet hatte (Abb. 44. 45. 46). Sie wurden zwischen dem 6. Jh. v. Chr. und 384 n. Chr. durchgeführt und fanden Ende August / Anfang September alle vier Jahre im dritten Jahr jeder Olympiade sowie zwischen den Nemeischen und den Isthmischen Spielen statt.

Nach Pausanias[57] gab es zunächst nur musische Agone (Abb. 47), später wurden auch die gymnischen und hippischen Wettbewerbe einbezogen. Die Disziplinen waren die gleichen wie in Olympia und fanden im Stadion statt, einem der am besten erhaltenen in Griechenland, das sich im Heiligtum befindet — nur die Wagenrennen wurden im Hippodrom in der Krisäischen Ebene ausgetragen.[58] Dass die Spiele von Athleten aus allen Städten gern besucht wurden, bezeugen die Inschriften auf den Basen der Statuen, die Pythischen Oden des Pindar und die Ausführungen des Pausanias.

Der Paidagogos (Erzieher) in der *Elektra* des Sophokles[59] erzählt, dass Orest den Wett-

Abb. 45 Delphi, Tempel des Apollon.

Abb. 46 Apollon beim Trankopfer, Phiale und Lyra haltend, attisch weißgrundige Kylix des Pistoxenos-Malers, um 480 v. Chr., Delphi, Archäologisches Museum 8140.

Abb. 47
Aulet und singender
Knabe (Aulode), attisch
schwarzfigurige Pelike,
525–475 v. Chr., New York,
Metropolitan Museum
07.286.72.

Daochos II., Tetrarch von Thessalien. Ihre Weihgeschenke, die an sie erinnern, werden heute im Museum von Delphi aufbewahrt.

Isthmia: Die Isthmischen Spiele

Die Isthmischen Spiele (τά Ἴσθμια) waren nach den Olympischen Spielen die zweitwichtigsten. Sie waren dem Gott Poseidon gewidmet, dem Beschützer von Isthmia, in der Nähe der reichen Handelsstadt Korinth. Die Spiele fanden alle zwei Jahre, d. h. im zweiten und vierten Jahr einer Olympiade statt. Der Preis war zuerst ein Kranz aus Pinienzweigen und später aus Sellerie.

Ursprünglich waren die Isthmia nur von lokaler Bedeutung, aber unter dem Tyrannen Periandros (6. Jh. v. Chr.) wurden sie erweitert und zählten zu den panhellenischen Festen. Zu den Wettbewerben gehörten Wettlauf, Weitsprung, Diskoswerfen, Fünfkampf, Pankration, Pferde- und Wagenrennen, aber auch Musik, Schauspiel und Malerei, da die bedeutende griechische Malerei in Korinth entstanden ist.

Nemea: Die Nemeischen Spiele

Die Nemeischen Spiele (τά Νέμεα), die weniger bekannten panhellenischen Spiele, fanden alle zwei Jahre im Tal von Nemea statt (Abb. 48. 49), wurden aber später zeitweise nach Argos verlegt. Die Legende besagt, dass sie von Herakles nach dem Sieg über den Nemeischen Löwen gegründet wurden. Nach den antiken Schriftstellern fanden die Spiele ab 573 v. Chr. zu Ehren des Zeus statt.

Zu den traditionellen Agonen fügte man den Hoplitenlauf (*hoplitodromia*) und einen Langstreckenlauf hinzu. Pausanias schreibt:

Von dem Eleer Aristeides sagt die Inschrift an ihm, er habe ... an den Nemeen unter den Knaben einen Sieg im «Pferdelauf» (ἐπὶ τῷ ἱππίῳ δρόμῳ) errungen. Die Länge des «Pferdelaufs» sind zwei Doppelläufe (δίαυλοι δύο).[60]

In der hellenistischen Zeit kamen auch musische Agone hinzu. Die Gewinner erhielten einen Kranz aus Selinon (Sellerie, Eppich oder Petersilie), später einen Eichenkranz oder einen Palmzweig.

lauf und alle anderen Wettkämpfe gewann, für die es Ehrungen gab. Besonders anschaulich ist sein Bericht des Wagenrennens, das am nächsten Tag bei Sonnenaufgang stattfand: zehn Konkurrenten aus ganz Griechenland traten an, darunter auch zwei Libyer, d. h. Griechen aus der Kyrenaika. Es entstand ein Getöse der Streitwagen und Staub stieg auf. Orest hielt sich nahe an der Wendesäule, streifte sie mit der Nabe, lockerte die Zügel des rechten Pferdes, während er die Zügel des linken Pferdes kurz hielt. An einem bestimmten Punkt kam es zu einem Zusammenstoß, und die ganze Ebene war mit den Wracks der Wagen gefüllt. Orest und der sehr erfahrene Athener Wagenlenker blieben im Rennen. Orest jagte ihn, aber plötzlich löste er die Zügel des linken Pferdes, als es um die Kurve ging, traf den Rand der Stele und die Achse des Rades brach. Er fiel vom Wagen und verwickelte sich in die Zügel. Die Menge stieß einen Schreckensschrei aus. Es gab nichts mehr zu tun, er starb und sie verbrannten ihn auf dem Scheiterhaufen.

Die Gewinner bei den Pythia erhielten nur einen dem Apollon heiligen Lorbeerzweig. Die berühmtesten Gewinner im Wagenrennen waren Polyzalos, Tyrann von Gela (Sizilien), und

Abb. 48 Nemea, Stadion.

Abb. 49 Nemea, Tempel des Zeus, um 330 v. Chr.

Olympia und die Olympischen Spiele

Abb. 50
Gesamtplan des
Grabungsgeländes von
Olympia am Ende des
20. Jhs. von K. Herrmann.

Das Heiligtum von Olympia war das älteste und berühmteste in Griechenland. Es liegt in der Landschaft Elis, im Nordosten der Peloponnes, am Fuße des Kronoshügels und am Zusammenfluss des Alpheios und Kladeos. Seit etwa 3000 Jahren vor Christus ist der Ort kontinuierlich bewohnt (Abb. 50).

Ein sehr alter Kult galt dem Pelops, der ursprünglich aus Kleinasien stammte. Zu ihm gehört der Kult für seine Frau Hippodameia. In seinem Kenotaph, dem Pelopeion in Form

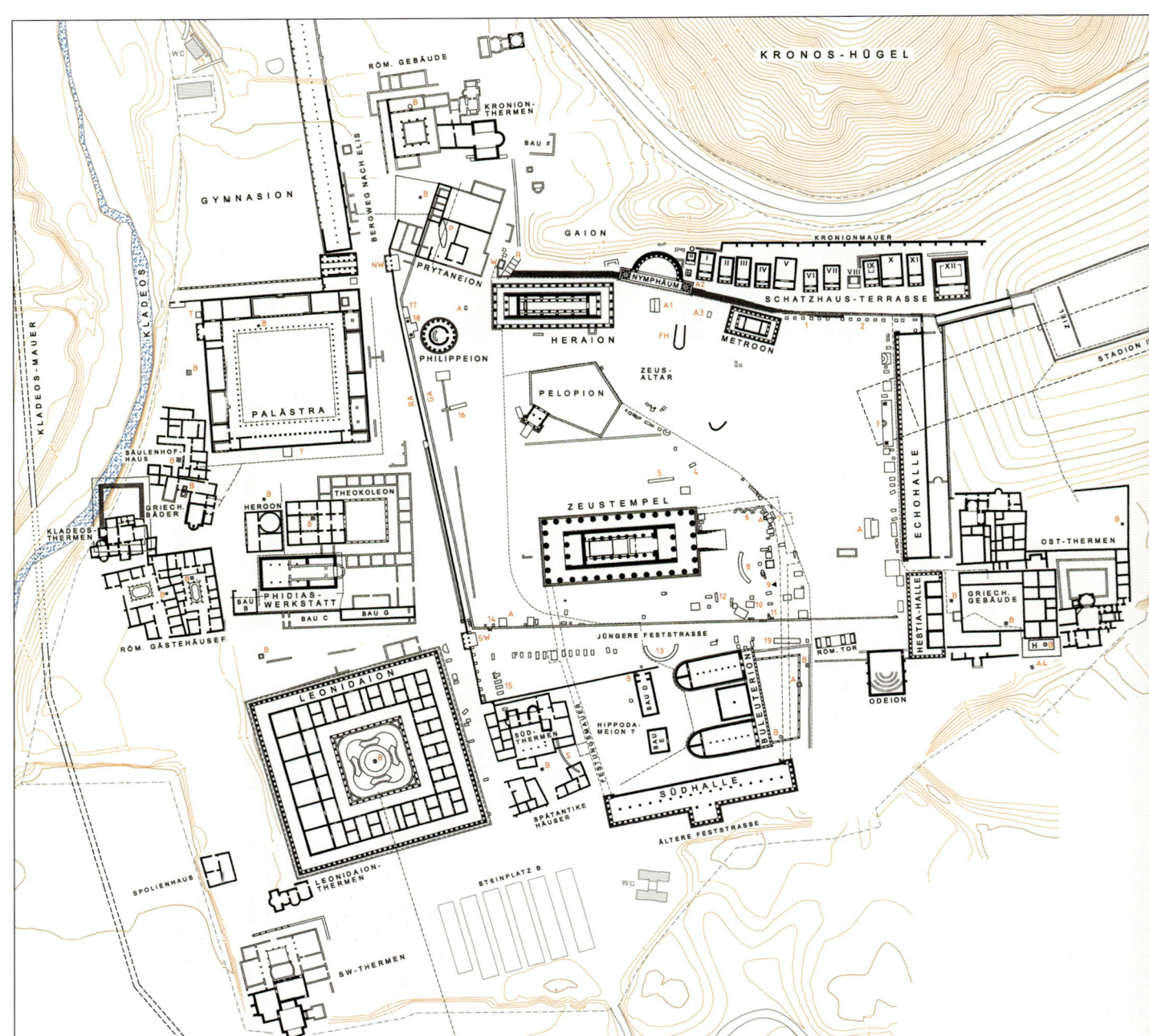

eines Fünfecks, wurden Terrakotta-Figuren von Pferden und Wagen gefunden. Diese lassen vermuten, dass bereits aus der mykenischen Zeit stammende Spiele in seinen Kult

übertragen wurden. Offensichtlich gab es am Anfang einen lokalen Kult, der sich dann auf die Nachbarstädte und schließlich auf ganz Griechenland erstreckte.

Das Heiligtum und seine Monumente

Das heutige Aussehen des Heiligtums geht auf die Zeit des Hellenismus zurück, mit monumentalen Ergänzungen auch aus der Römerzeit. Innerhalb der Altis gab es nur Tempel und Kultgebäude (Abb. 51),

außerhalb standen Dienstgebäude, wie Priesterhäuser, Bäder, Hotels, das Gymnasion, die Palaistren usw.

Der alte Tempel der Hera musste den antiken Menschen so altertümlich erscheinen wie wir heute eine mittelalterliche Kathedrale empfinden. Noch in römischer Zeit konnte man im Opisthodom eine originale Holzsäule bewundern und auch eine Marmorstatue des Hermes mit dem Dionysoskind, ein Werk des berühmten Bildhauers Praxiteles (Abb. 52).

Südlich des Hera-Tempels befanden sich der Zeus-Tempel und ein Altar, der aus der Asche der Opfer bestand und im Laufe der Jahrhunderte auf etwa 10 m angewachsen war. Der gigantische Tempel wurde von dem Architekten Libon in 14 Jahren zwischen 470 und 456 v. Chr. erbaut und galt lange Zeit als dorischer Tempel *par excellence* oder «kanonischer» Tempel.

In den Giebeln erzählten zahlreiche Skulpturen die lokalen Geschichten: im Ost-Giebel sind Pelops und Oinomaos mit Zeus in der

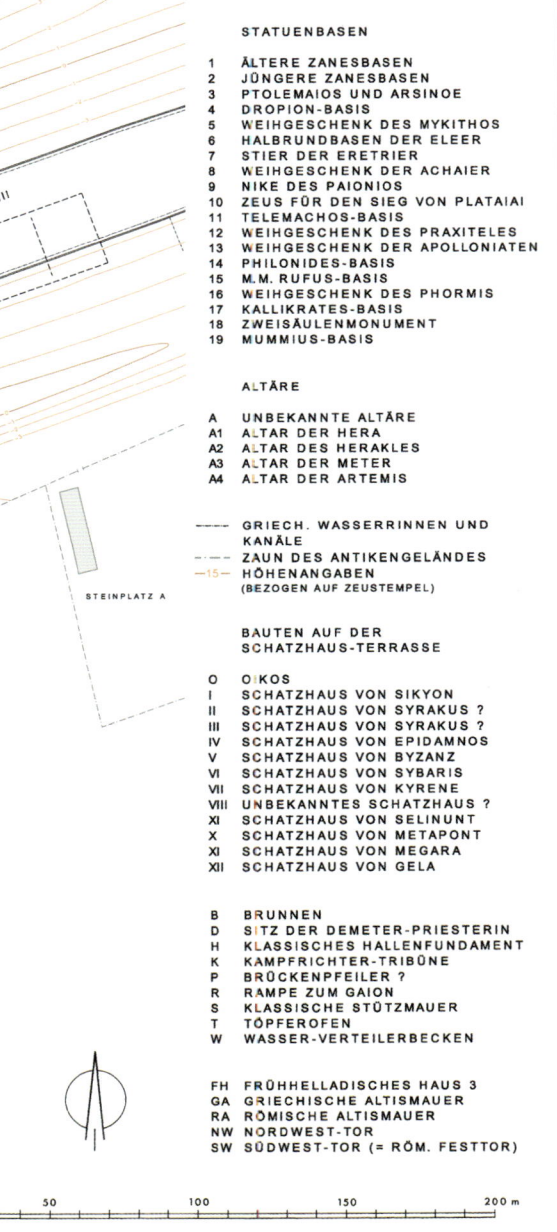

STATUENBASEN

1 ÄLTERE ZANESBASEN
2 JÜNGERE ZANESBASEN
3 PTOLEMAIOS UND ARSINOE
4 DROPION-BASIS
5 WEIHGESCHENK DES MYKITHOS
6 HALBRUNDBASEN DER ELEER
7 STIER DER ERETRIER
8 WEIHGESCHENK DER ACHAIER
9 NIKE DES PAIONIOS
10 ZEUS FÜR DEN SIEG VON PLATAIAI
11 TELEMACHOS-BASIS
12 WEIHGESCHENK DES PRAXITELES
13 WEIHGESCHENK DER APOLLONIATEN
14 PHILONIDES-BASIS
15 M.M. RUFUS-BASIS
16 WEIHGESCHENK DES PHORMIS
17 KALLIKRATES-BASIS
18 ZWEISÄULENMONUMENT
19 MUMMIUS-BASIS

ALTÄRE

A UNBEKANNTE ALTÄRE
A1 ALTAR DER HERA
A2 ALTAR DES HERAKLES
A3 ALTAR DER METER
A4 ALTAR DER ARTEMIS

---- GRIECH. WASSERRINNEN UND KANÄLE
--- ZAUN DES ANTIKENGELÄNDES
—15— HÖHENANGABEN (BEZOGEN AUF ZEUSTEMPEL)

STEINPLATZ A

BAUTEN AUF DER SCHATZHAUS-TERRASSE

O OIKOS
I SCHATZHAUS VON SIKYON
II SCHATZHAUS VON SYRAKUS ?
III SCHATZHAUS VON SYRAKUS ?
IV SCHATZHAUS VON EPIDAMNOS
V SCHATZHAUS VON BYZANZ
VI SCHATZHAUS VON SYBARIS
VII SCHATZHAUS VON KYRENE
VIII UNBEKANNTES SCHATZHAUS ?
XI SCHATZHAUS VON SELINUNT
X SCHATZHAUS VON METAPONT
XI SCHATZHAUS VON MEGARA
XII SCHATZHAUS VON GELA

B BRUNNEN
D SITZ DER DEMETER-PRIESTERIN
H KLASSISCHES HALLENFUNDAMENT
K KAMPFRICHTER-TRIBÜNE
P BRÜCKENPFEILER ?
R RAMPE ZUM GAION
S KLASSISCHE STÜTZMAUER
T TÖPFEROFEN
W WASSER-VERTEILERBECKEN

FH FRÜHHELLADISCHES HAUS 3
GA GRIECHISCHE ALTISMAUER
RA RÖMISCHE ALTISMAUER
NW NORDWEST-TOR
SW SÜDWEST-TOR (= RÖM. FESTTOR)

50   100   150   200 m

Abb. 51
Die Altis von Olympia, Modell des Zeus-Heiligtums, Olympia, Archäologisches Museum.

Abb. 52 ⇨
Hermes mit dem
Dionysosknaben,
Praxiteles, Marmor,
um 340 v. Chr., Olym-
pia, Archäologisches
Museum L 48.

Abb. 53 ⇩
Vorbereitung zum
Wagenrennen
zwischen Pelops und
Oinomaos, Ostgiebel
des Zeus-Tempels,
Olympia, Archäologi-
sches Museum.

Abb. 54
Herakles und der kretische
Stier, West-Metope IV
vom Zeus-Tempel, Olympia,
Archäologisches Museum.

Abb. 55
Kampf zwischen Kentauren
und Lapithen, West-
giebel des Zeus-Tempels,
Olympia, Archäologisches
Museum.

Mitte (Abb. 53) zu sehen und im West-Giebel der Kampf der Kentauren gegen die Lapithen mit Apollon in der Mitte (vgl. Abb. 19. 20. 55); auf den Metopen sind die zwölf Arbeiten des Herakles dargestellt (Abb. 54).

Von besonderer Bedeutung war die Geschichte des Pelops, da sie mit den mythischen Ursprüngen des Heiligtums verbunden war. Tatsächlich war er der Held, nach dem die Halbinsel Peloponnes ihren Namen erhielt, aber auch der Gründer der Olympischen Spiele. Er war bereits Herrscher von Phrygien und Lydien (in der Türkei) gewesen und kam an den Hof des Oinomaos. Dieser wollte die Heirat seiner Tochter Hippodameia verhindern, weil ein Orakel vorhergesagt hatte, dass er durch die Hand seines Schwiegersohnes sterben würde.

Also schlug Oinomaos den Bewerbern einen Wettkampf im Wagenrennen vor: Bei einem Sieg hätten sie Hippodameia heiraten können, bei einer Niederlage drohte ihnen der Tod. Aber Pelops ließ die Bronzestifte der Achsen von Oinomaos' Wagen durch Wachs ersetzen, so dass der Wagen umkippte und der König starb. Er wurde dessen Nachfolger, sammelte Reichtum und Ehre, war aber auch die Ursache für den Untergang seiner Nachkommen und gründete vielleicht aus diesem Grund die Olympischen Spiele, um die Gunst von Zeus zurückzugewinnen.

Der Tempel beherbergte eines der sieben Weltwunder, nämlich die sitzende Zeusstatue aus Gold und Elfenbein von Pheidias (Abb. 56). In der Nähe befand sich die Bildhauerwerkstatt, in der ein Gefäß mit dem eingeritzten Namen des Besitzers: «Ich gehöre dem Pheidias» (Φειδίου εἰμί) gefunden wurde.[61]

Etwa 30 m südöstlich des Tempels stand auf einem dreieckigen 9 m hohem Pfeiler die Statue der Nike, ein Werk des Paionios (Abb. 57). Sowohl die Statue als auch die Basis mit der Weihinschrift der Messenier und Naupaktier und dem Namen des Bildhauers sind erhalten.[62]

Im Prytaneion, in dem Tag und Nacht das heilige Feuer auf dem Staatsherd brannte, waren die Verantwortlichen des Heiligtums tätig.

An der Nordseite der Altis steht eine Reihe von kleinen Gebäuden, die von Städten aus Griechenland und aus der Magna Graecia geweiht wurden, die heute dank der von Pausanias[63] vorgelegten Liste teilweise benennbar sind. Sie werden Thesauroi (Schatzhäuser) genannt, weil dort die wertvollen Weihegaben der einzelnen Städte aufbewahrt wurden. Vor der Schatzhausterrasse standen die 16 bronzenen Zeus-Statuen, die aus den Geldbußen der Athleten errichtet wurden, die versucht hatten, die Kampfrichter zu bestechen.

Das Stadion war ursprünglich in das Heiligtum eingebunden, wurde aber später von ihm getrennt und an seine jetzige Stelle verlegt (Abb. 58). Es war insgesamt 212,52 m lang und 28,50 m breit, die Strecke des Stadionlaufes betrug 192,28 m. Wegen der regionalen Unterschiede des Fußmaßes, sind die Laufstrecken an anderen Orten abwei-

Abb. 56
Cella des Zeus-Tempel mit dem Kultbild des Zeus, Holzstich, altkoloriert, nach Zeichnung, um 1865, von Heinrich Leutemann (1824–1905). Nr. VII der Serie: Bilder aus dem Alterthume, München (Braun & Schneider) Münchener Bilderbogen Nr. 377. Berlin, Sammlung Archiv für Kunst und Geschichte.

chend: 167 m auf Delos bis zu 184, 30 m in Athen. Die etwa 45 000 bis 50 000 Zuschauer saßen auf einfachen Graswällen, in der Mitte der südlichen Langseite gab es Steinsitze für wichtige Personen, wie die Hellenodikai (Kampfrichter). In der Nähe entstanden zahlreiche Brunnen.

Der Hippodrom ist heute nicht mehr sichtbar, da er durch die Überschwemmungen des Alpheios versandet ist. Im Jahr 2008 wurde er aber durch geophysikalische Messungen wahrscheinlich lokalisiert.[64] Die elliptische Rennbahn war längs durch einen Zaun aus Stein oder Holz getrennt und maß von einem zum anderen Wendepunkt drei Stadien. An der östlichen Seite stand der Altar des Taraxippos, dem Gott der Pferde.

Die damaligen Herrscher versäumten es nicht, in Olympia Denkmäler zu errichten, die ihre Familien verherrlichen sollten. So stiftete Philipp II. nach der siegreichen Schlacht von Chaironeia über die Griechen im Jahre 338 v. Chr. das Philippeion, das dann sein Sohn Alexander der Große vollendete. Darin waren fünf Goldelfenbein-Statuen der makedonischen Herrscherfamilie des Bildhauers Leochares ausgestellt.

Es gab auch Luxushotels wie das Leonidaion, das der einheimische Architekt Leonidas auf eigene Kosten für illustre Gäste gebaut hat.[65]

Die Palaistra wurde im 3. Jh. v. Chr. entlang des Flusses Kladeos gebaut. Hier konnte man für den Ringkampf, den Faustkampf und den Weitsprung trainieren. Es handelte sich um ein quadratisches Gebäude mit einem zentralen Innenhof und Räumen rundherum, die zum Umkleiden, für Ölmassagen, zum Abreiben des Sandes, Bäder und Säle für den theoretischen Unterricht genutzt wurden.

Neben der Palaistra befand sich ein Gymnasion, ein rechteckiges Gebäude mit einem großen Innenhof, in dem man Speerwurf, Diskoswurf und Laufen üben konnte (Abb. 59).

Die Freiflächen zwischen den Gebäuden muteten wie ein echter Wald aus Altären und Statuen von Göttern, Helden, Königen und Siegern an, die in römischer Zeit mit denen von Kaisern und Feldherren ergänzt wurden. Von fast allen sind heute nur noch die Basen

Abb. 57 Nike des Paionios, Marmor, um 421 v. Chr., Olympia, Archäologisches Museum 46-48.

Abb. 58 Stadion von Olympia.

Abb. 59 Gymnasion von Olympia.

mit Inschriften erhalten, die von der Tätigkeit berühmter Künstler zeugen.

Nachdem der römische Konsul Lucius Mummius 146 v. Chr. die Griechen besiegt hatte, stiftete er 21 goldene Schilde, die an den (unverzierten) Metopen des Zeustempels angebracht wurden. Sulla, der spätere römische Diktator, hingegen plünderte 85 v. Chr. buchstäblich das Heiligtum (sowie die von Delphi und Epidauros), um die für den Krieg gegen Mithridates, den König von Pontos, notwendigen Geldmittel aufzubringen. Darüber hinaus beschloss er 80 v. Chr., die Olympischen Spiele (die 175.) nach Rom zu verlegen. Nur der Stadionlauf der Jungen fand in Olympia statt.

Olympia erholte sich erst nach 31 v. Chr. unter Augustus dank seiner philhellenischen Politik; dann noch einmal unter Nero, der dort sogar eine Villa bauen ließ. Das Heiligtum wurde erweitert und monumentaler ausgestaltet.

Das Edikt des Theodosius I. von 393 n. Chr. verbot heidnische Kulte, und 426 n. Chr. ließ Theodosius II. die Altis zerstören. Zwei Erdbeben, 522 und 551 n. Chr., bedeuteten das endgültige Ende.

Nach Münzfunden (von Constantinus bis Iustinianus) entstand möglicherweise schon im 4. Jh. n. Chr. eine kleine Ansiedlung, vielleicht von Christen, denn die Werkstatt des Pheidias wurde in eine Kirche umgewandelt. Das Heiligtum wurde durch Erdbeben zerstört und durch Überflutungen des Klaceos unter 7 m Sand begraben. Nach neuesten geologischen Untersuchungen könnte ein Tsunami dies verursacht haben, zumal die Küste in der Antike einige Kilometer weiter landeinwärts verlief.[66]

Die ersten Versuche, Olympia wieder ans Licht zu bringen, wurden von den Franzosen 1829 mit der «Expedition Scientifique de Moree» unternommen, aber die systematischen Untersuchungen begannen erst 1875 die Deutschen und diese werden noch heute fortgesetzt.[67]

Die Organisation der Olympischen Spiele

Jede Polis in Griechenland hat die Jahre nach den Namen der höchsten Beamten benannt, in Athen war es beispielsweise der *Archon eponymos* (ἄρχων ἐπώνυμος). Es gab aber auch eine für ganz Griechenland gemeinsame Zeitrechnung und zwar die nach Olympiaden — also Zeiträume von vier Jahren. Diese hatte vielleicht Timaios von Tauromenion Ende des 4. / Anfang des 3. Jhs. v. Chr. in die Geschichtsschreibung eingeführt, Eratosthenes von Kyrene in der zweiten Hälfte des 3. Jhs. v. Chr. verwendete sie weiter und im darauffolgenden Jahrhundert wurde sie auch von Polybios benutzt.[68]

Die Umrechnung der Jahresangaben der Olympischen Spiele in unseren Kalender wird so ermittelt: die Multiplikation der Nummerierung mit der Zahl vier und dann die Subtraktion dieser Summe von 780. So fanden beispielsweise die 109. Olympischen Spiele im Jahr 344 v. Chr. statt (109 x 4 = 436; 780-436 = 344); analog dazu ergeben sich auch die Jahre innerhalb einer Olympiade: Das dritte Jahr der 109. Olympiade (oder 109, 3) entspricht dann 342 v. Chr. (für die Jahre n. Chr. muss allerdings jeweils noch ein Jahr dazugezählt werden). Zusätzlich zu dieser Zählung wurde immer der Gewinner des Stadionlaufes genannt, der in der Antike als wichtigster Lauf galt.

Die Olympischen Spiele fanden alle vier Jahre Ende Juli / Anfang August statt. Der olympische Waffenstillstand (Ὀλυμπιακή Ἐκεχειρία) wurde für die Zeit vor, während und nach den Spielen festgesetzt und beinhaltete den Abbruch der kriegerischen Auseinandersetzungen zwischen den Städten sowie die Aussetzung der Todesstrafe. So konnten die Athleten, Zuschauer und Familienmitglieder gefahrlos durch Griechenland reisen. Eine solche Regelung, die von allen respektiert wurde, war natürlich nur dank der großen Autorität möglich, die das Heiligtum von Olympia innehatte.

Zu den Spielen wurden als Agonisten (Wettkämpfer) nur Griechen zugelassen; Mörder, Tempelfrevler, Sklaven und Ausländer waren ausgeschlossen. Unter römischer Herrschaft wurden natürlich auch die römischen Bürger aufgenommen.

Die Athleten mussten einen Monat vor Beginn der Spiele in Elis eintreffen und unter der Kontrolle der Kampfrichter trainieren. Sie mussten angeben, für welche Stadt sie antraten, die unter Umständen nicht ihre Heimat war. Mittels Geldversprechungen engagierte die reiche Stadt Syrakus z. B. einen der besten Athleten, Astylos von Kroton, der dann mit seinem Siegen dazu beitragen sollte, das Ansehen der Stadt zu erhöhen.

Die Anzahl der Kampfrichter wurde ab den 108. Olympischen Spielen (348 v. Chr.) auf zehn festgelegt. Um ihre Autorität zu erhöhen, trugen sie purpurfarbene Gewänder. Man konnte Beschwerde gegen ihre Entscheidungen einlegen; aber selbst wenn sie sich geirrt hatten, wurden diese nie geändert.

Als Preise wurden Kränze verliehen. In Olympia bestanden sie aus Olivenzweigen, die von dem heiligen Ölbaum beim Zeustempel geschnitten wurden, der angeblich von Herakles für Zeus gepflanzt wurde[69]. Seit der Zeit Alexanders des Großen erhielten die Gewinner auch gleichzeitig ein Palmblatt, mit dem sie sich bei der Preisverleihung am fünften Tag präsentierten. Darüber hinaus konnten Kopf, Arme und Beine sofort mit roten Wollbändern geschmückt werden.

Die Zuschauer kamen aus weit entfernten Gegenden, sogar aus dem Bosporanischen Reich (nördlich des Schwarzen Meeres), Kyrene (Libyen), Magna Graecia (Süditalien und Sizilien) und Kleinasien (Türkei). Es gab diejenigen, die zu Fuß kamen, einige mit Pferden, andere mit Wagen. Neben den einfachen Bürgern gab es auch Dichter, Philosophen, Politiker, Tyrannen und sogar Sklaven und Ausländer (Barbaren).

Verheiratete Frauen waren unter Androhung der Todesstrafe nicht als Zuschauer zugelassen, mit Ausnahme der Priesterin der Demeter, die einen besonderen Marmorsitz im Stadion hatte. Die berühmteste war Annia Regilla, die Frau des sehr reichen Herodes Atticus, der das große Theater am Abhang der Akropolis in Athen und den Aquädukt in Olympia finanziert hatte. Frauen durften auch am Wettkampf nicht teilnehmen, aber sie konnten als Besitzer von Reitställen trotzdem beim Pferde- und Wagenrennen gewinnen.

Ein riesiger Strom von Menschen traf sich im Heiligtum, die dann unter den Bäumen, im Freien am Flussufer oder in den Zelten lagerten. Erst im 4. Jh. v. Chr. wurde ein Luxushotel für illustre Gäste gebaut, das nach dem Architekten, der es gestiftet hat, Leonidaion genannt wurde.

Die Vorbereitung der Athleten

Lukian aus Samosata (2. Jh. n. Chr.) lässt Solon in seinem Werk *Anacharsis* oder *Über die gymnastischen Übungen* sprechen:

Wie wir aber unsre jungen Leute behandeln, sobald sie das Alter erreicht haben, wo der Verstand sowohl als der Körper zu männlicher Stärke zu gelangen anfängt, einer größern Anstrengung fähig ist und mehr ausdauern kann, davon will ich dir jetzt sprechen, damit du sehest, zu welchem Ende wir ihnen diese Übungen vorgeschrieben haben und warum wir sie nötigen, ihren Körper abzuhärten. Es ist dabei nicht auf die öffentlichen Wett-

kämpfe und Preise, die dabei zu gewinnen sind, abgesehen; denn diese können immer nur sehr wenigen zuteilwerden: sondern wir verschaffen dadurch unsrer ganzen Republik, nicht weniger als ihnen selbst, einen weit größern Vorteil.[70]

Tatsächlich beanspruchten die athletischen Übungen den größten Teil des Trainingsprogramms (Abb. 60. 61). Sie dienten aber nicht nur zur Stärkung des Körpers, sondern sie wurden von den Klängen der Lyra oder der Auloi begleitet, so dass die Bewegungen rhythmisch und harmonisch wurden (Abb. 62). Für jeden jungen Athleten entschieden die Trainer nicht nur die Art und

⇦ Abb. 60
Athlet mit Strigilis, attisch
rotfigurige Halsamphora,
525–475 v. Chr., Wien,
Kunsthistorisches Museum
3723.

↙ Abb. 61
Gymnasionszene, attisch
rotfiguriger Kelchkrater
des Euphronios, um
500 v. Chr., Berlin, Antikensammlung F 2180.

⬇ Abb. 62
Athleten üben zum Klang
der Auloi, attisch rot-
figuriger Kelchkrater des
Troilos-Malers, 500–450
v. Chr., Kopenhagen, Nationalmuseum Chr. VIII 805.

Anzahl der durchzuführenden Übungen, sondern auch die richtige Ernährung.

Im antiken Griechenland beruhte all dies auf Erfahrung und Geschick, aber mit dem Aufkommen der professionellen Sportler seit der hellenistischen Epoche kamen systematische Trainingsmethoden hinzu, sogar in Form eines Vier-Tage-Zyklus (Tetrade), der ohne Unterbrechung wiederholt wurde. Philostrat beschreibt es so:

> Unter Tetrade versteht man einen Zyklus von vier Tagen, an deren jedem etwas anderes geschieht: Am ersten wird der Sportler vorbereitet, am zweiten intensiv beschäftigt, am dritten der Erholung überlassen und am vierten mittelmäßig angestrengt.[71]

Allerdings tadelten sowohl der Arzt Galen als auch Philostrat – beide lebten im 2./3. Jh. n. Chr. – diese Methode[72], die den physischen und vor allem den psychischen Zustand des Athleten nicht berücksichtigt.

Philostrat erinnert an den Ringkämpfer Gerenos von Naukratis (Ägypten), der nach einem opulenten Bankett für seinen Sieg in Olympia (vielleicht 209 n. Chr.) den Trainingsbedingungen nicht gewachsen war:

> Als er am folgenden Tag in das Gymnasion kam, gestand er dem Trainer, dass seine Verdauung gestört sei und er sich unwohl fühle. Jener aber wurde zornig, hörte es mit Wut und war ungehalten, [...] schließlich tötete er den Sportler mitten im Training aus Unverstand.[73]

Auch über die Diät sagt Philostrat:

> (43) [...] Als Speise diente ihnen (den früheren Athleten) Gerstenbrot und aus Kleienmehl hergestelltes ungesäuertes Weizenbrot, und das Fleisch, das sie genossen, war vom Rind, Stier, Ziegenbock und Reh (nicht vom als schlecht verdaulich geltenden Schwein). Sie ölten sich mit Öl vom wilden Ölbaum und vom Oleaster ein. Daher blieben sie bei den Übungen gesund und alterten meist erst

> spät. Sie beteiligten sich bald acht, bald neun Olympiaden lang an den Wettkämpfen, waren zu schwerem Waffendienst geeignet und kämpften um die Mauern, auch hierin keineswegs ohne Erfolg, vielmehr durch Prämien und Trophäen ausgezeichnet; den Krieg betrachteten sie als Vorübung für das Training und das Training als Vorübung für den Krieg.
>
> (44) Als hier aber ein Umschwung eintrat und aus den Kämpfern militärisch Untaugliche, aus Tatkräftigen Träge, aus Abgehärteten Weichlinge geworden waren, und die für Sizilien typische Schlemmerei überhand nahm, da trat Entnervung auf den Sportplätzen ein, und zwar umso mehr, als die Schmeichelei in das Training eingeführt wurde. Ihrer bediente sich zuerst die Medizin, indem sie eine Kunst als Beraterin heranzog, die zwar gut, aber zu weichlich ist, um auf Sportler angewendet zu werden: Sie lehrt nämlich die Untätigkeit und das vor den Übungen Herumsitzen, vollgepfropft wie Mehlsäcke aus Africa und Ägypten, führt Feinbäcker und Luxusköche ein, wodurch nur Schleckermäuler und Fresser gezüchtet werden, und setzt mohnbestreutes Weizenbrot aus feinem Mehl vor, mästet die Sportler mit gänzlich satzungswidriger Fischkost und bestimmt die Fischarten nach den Fanggründen im Meer: Fett seien die aus dem Schlamm stammenden, mager die von den Klippen, fleischig die vom offenen Meer, Blütentang bringe nur kleine Fische hervor, Algen saftlose. Auch verabreicht sie das Schweinfleisch mit erstaunlichen Anweisungen: Sie schreibt nämlich vor, man soll die Schweine am Meer als unbrauchbar ansehen, da sie sich mit Meerknoblauch ernähren, von dem die Ufer und die Dünen voll sind; auch solle man sich vor den Schweinen hüten, die an den Flüssen gemästet werden, weil sie Krebse fressen. Vielmehr solle man zur Zwangsdiät nur die mit Kornelkirschen und Eicheln gemästeten Schweine verwenden.[74]

Die Anmeldung für die Olympischen Spiele

Die Teilnehmer mussten sich mindestens dreißig Tage vor Beginn der Spiele in Elis präsentieren und den Agonotheten den Namen, das Land, die gewählte Disziplin und die Altersklasse angeben. Es gab (wie in Delphi) nur zwei Altersklassen, nämlich die der Knaben ab ca. 12 Jahren und die der Männer über ca. 20 Jahren.[75]

Philostrat (2./3. Jh. n. Chr.) berichtet im *Leben des Apollonius von Tyana*:

Wenn die Olympischen Spiele kommen, üben die Eleer die Kämpfer dreißig Tage lang in Elis selbst, rufen sie dann zusammen und sagen: [...] Gehen sie aber nach Olympia, so sagen die Eleer zu den Männern nur dies: «Wenn ihr euch durch Arbeit als würdig erwiesen habt, nach Olympia zu gehen und nicht leichtsinnig und unedel gewesen seid, so geht getrost! Wer sich aber nicht so vorbereitet hat, der gehe, wohin er will!»[76]

Philostrat präzisiert an anderer Stelle:

... die Übungen erfolgen nach Kommando; der Hellanodike trainiert auch nicht nach Befund, sondern alles ist jeweils improvisiert – selbst dem Trainer droht die Peitsche, wenn etwas gegen ihre Befehle geschieht! Gegen ihre Befehle gibt es keine Widerrede, da diejenigen, die sich dagegen auflehnen, von den Olympischen Spielen ausgeschlossen werden können.[77]

In diesem Monat hatten die Kampfrichter eine weitreichende Befugnis, über Training, Tagesablauf und sogar über die Ernährung zu entscheiden. So gelang es ihnen, in dieser Art von Trainingslager Hunderte von jungen, ihnen weitgehend unbekannte Athleten, die sich nicht nur durch ihr Talent, sondern auch durch ihre Impulsivität und Disziplinlosigkeit hervortun konnten, einem strengen Reglement zu unterwerfen (Abb. 63).

Auch Pausanias[78] spricht von dieser Pflicht der Athleten, einen Monat vor Beginn der Wettkämpfe zu erscheinen, sicherlich nicht nur für die letzte körperliche Vorbereitung, sondern auch für das Erlernen der Regeln und Vorschriften (*Gesetze des Zeus*).

Denn nur mit dieser langen Vorbereitung konnte man sich gegen Überraschungen im letzten Moment absichern, unerfreuliche Unfälle vermeiden, und nur so konnten die Olympischen Spiele zur perfekten Veranstaltung werden, wie es von allen Griechen und ihren ausländischen Gästen erwartet wurde.

Abb. 63
Athleten und ein Schiedsrichter bei der Ahndung einer Regelwidrigkeit, attisch schwarzfigurige panathenäische Amphora, Anfang 5. Jh. v. Chr., Berlin, Antikensammlung F 1833.

Die gymnischen Agone

Das Pentathlon – Der Fünfkampf

Nach der Mythologie wurde der Fünfkampf (πένταθλον) von Iason erfunden. Philostrat beschreibt ihn so:

Das Pentathlon wurde aus beiderlei Sportarten [leichte und schwere] zusammengesetzt: Ringen und Diskos sind schwer, Speerwurf, Sprung und Lauf leicht.[79]

Von diesen fünf Disziplinen wurden der Weitsprung, der Diskos- und Speerwurf fast nie als Einzelwettbewerbe ausgetragen, sondern nur im Rahmen des Fünfkampfes, und deshalb waren dafür auch keine Preise ausgesetzt.

Laut Aristoteles[80] waren die Fünfkämpfer die schönsten (*kallistoi*), da sie besonders stark und schnell waren. Die Athleten mussten ab den 15. Olympischen Spielen (720 v. Chr.) nackt antreten, da Orsippos aus Megara laut Pausanias[81] seinen Schurz verlor und nackt als Sieger ins Ziel kam.

Wahrscheinlich begann der Wettbewerb mit dem Weitsprung, gefolgt von Diskoswerfen, Wettlauf, Speerwerfen und Ringen. Um im Fünfkampf zum Sieger gekürt zu werden,

Abb. 64 a.b
Tabelle mit den einzelnen Laufdisziplinen.

	Antiker Name	Entfernung bei antikem Wettlauf	Entsprechung heutiger Wettlauf
	Stadion	1 Stadion = 600 antike Fuß = 192,28 m (Olympia)	200 m
	Diaulos	2 Stadien = 1200 antike Fuß	400 m

	Antiker Name	Entfernung bei antikem Wettlauf	Entsprechung heutiger Wettlauf
	Ephippios	4 Stadien	800 m

	Antiker Name	Entfernung bei antikem Wettlauf	Entsprechung heutiger Wettlauf
	Dolichos	7 bis 25 Stadien	1200 m

	Antiker Name	Entfernung bei antikem Wettlauf	Entsprechung heutiger Wettlauf
	Hoplitodromos (Waffenlauf)	2 bis 4 Stadien	

	Antiker Name	Entfernung bei antikem Wettlauf	Entsprechung heutiger Wettlauf
	Lampadedromia (Fackellauf)	2500 m (Athen)	Staffellauf

	Antiker Name	Entfernung bei antikem Wettlauf	Entsprechung heutiger Wettlauf
	Heraia	5/6 Stadien = 500 antike Fuß (Olympia)	200 m Frauen

musste man im Ringkampf und mindestens in zwei weiteren Disziplinen gewinnen.

Der Wettlauf

Der Wettlauf (δρόμος) galt schon immer als einfachste und elementarste Disziplin, ein «Kinderspiel» wie man zu sagen pflegt! Schon Xenophanes (570–475 v. Chr.) behauptete, die Schnelligkeit der Füße gelte unter den Disziplinen beim Wettkampf am meisten.[82]

Schon Achilleus wird von Homer der «Schnellfüßige» genannt. Eine berühmte Inschrift von Gortyn auf Kreta teilt die Bürger in zwei Klassen: diejenigen, die laufen können (*dromeis*) und diejenigen, die nicht laufen können (*apodromoi*), die sich offensichtlich auf die Altersgruppen beziehen.[83]

Der Wettlauf wurde barfuß im Stadion ausgetragen, 192,28 m in Olympia und 177,55 m in Delphi. Das Wort *stadion* bezeichnete ursprünglich nur die Strecke, wurde aber mit der Zeit zum Namen des gesamten Bauwerks. Da die Stadien erhöhte Plätze für die Zuschauer benötigten, wurden sie meist am Hang eines Hügels angelegt. Ursprünglich saß das Publikum einfach auf dem Boden, aber im Laufe der Zeit wurden zunächst Sitze aus Holz und dann aus Stein gebaut. Die 45 000–50 000 Zuschauer saßen nur in Olympia bis zuletzt auf dem Boden, um den kollegialen und demokratischen Geist der Veranstaltung zu unterstreichen.

Es gab verschiedene Disziplinen beim Wettlauf, ähnlich wie bei uns Kurz-, Mittel- und Langstrecke (Abb. 64 a.b). Die Zeiten wurden aber nicht gestoppt. Die Startschwelle (*aphesis*) bestand aus einer Reihe von Marmorblöcken, in die zwei schmale parallele Rillen eingearbeitet waren; sie wies in Olympia zwanzig Startplätze aus (Abb. 65). In Nemea und Isthmia kamen Spuren zutage, die es ermöglichen, einen besonderen Startmechanismus zu rekonstruieren, die Hysplex (ὕσπληγξ): Ein Schiedsrichter befand sich in einem ca. 1 m tiefen Loch hinter den Läufern und betätigte ein Seilsystem, durch das gleichzeitig alle dünnen Querhölzer der Schranken vor den Athleten herunterfielen[84] (Abb. 66).

Hier warteten die Läufer dicht nebeneinander auf das Startsignal, ihre Zehen fanden Halt in den Rillen. Arme und Kopf waren

Abb. 65
Startschwelle im Stadion von Olympia.

über den Querhölzern nach vorne gestreckt. Wenn es sich bei dem Wettlauf um mehr als eine Stadionlänge handelte, fand die Wende um eine Säule statt, die oft auf Vasenbildern dargestellt wurde.

Beim Stadionlauf (στάδιον) wurde die Strecke des Stadions (192,28 m) einmal gelaufen (Abb. 67). Der Diaulos (δίαυλος) bestand aus der doppelten Strecke (ca. 385 m). Der Dolichos (δόλιχος) umfasste unterschiedliche Strecken, zwischen 7 und 25 Stadienlängen. Schließlich der Hoplitodromos (ὁπλιτόδρομος), der Waffenlauf, mit der Länge eines Diaulos als spektakuläres Finale der Spiele (Abb. 68).

An den Heraia in Olympia gab es auch Laufwettbewerbe für Mädchen. Angeblich wurden sie zuerst von Hippodameia und den 16 Jungfrauen eingeführt. Bei Pausanias lesen wir:

Abb. 66
Startvorrichtung im Stadion von Isthmia Rekonstruktionszeichnung von K. Iliakis.

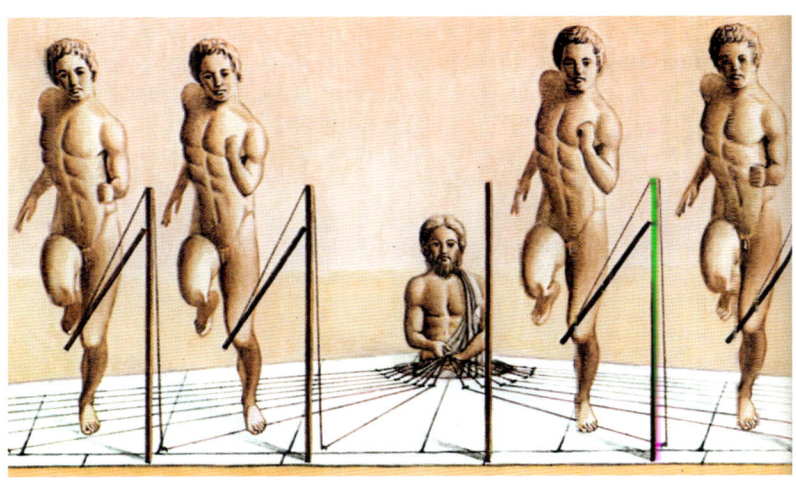

Abb. 67 ⇧
Wettlauf, attisch schwarzfigurige panathenäische Amphora des Kleophrades-Malers, 500–450 v. Chr., Paris, Louvre F 277.

Abb. 69 ⇖
Sprunggewicht aus Gneis mit einer Inschrift des Siegers Akmatidas, 500–480 v. Chr., Olympia, Archäologisches Museum L 189.

Abb. 68 ⬈
Waffenläufer, attisch rotfigurige Halsamphora des Malers von Berlin, um 480–470 v. Chr., Paris, Louvre G 214.

Abb. 70 ⇩
Weitspringer mit Sprunggewichten, attisch rotfigurige Kylix des Onesimos, 500–490 v. Chr., Boston, Museum of Fine Arts 01.8020.

Dieser Wettkampf ist ein Wettlauf für Jungfrauen. Sie sind aber nicht alle gleichaltrig, sondern zuerst laufen die jüngsten, nach diesen die nächst älteren, und als letzte laufen die ältesten von den Mädchen. Sie laufen so: das Haar fällt lose herab, das Gewand reicht bis etwas übers Knie, und die rechte Schulter zeigen sie bis zur Brust. Auch ihnen wird für den Wettkampf das olympische Stadion angewiesen, doch ziehen sie ihnen beim Stadionlauf etwa den sechsten Teil ab. Den Siegerinnen geben sie Ölbaumkränze und einen Anteil von der der Hera geopferten Kuh.[85]

Der Weitsprung

Der Weitsprung (ἅλμα) gehörte ebenfalls zum Pentathlon. Der Unterschied zu heute ist, dass man mit beiden Händen Halteres (ἁλτῆρες) hielt – Sprunggewichte aus Stein oder Blei mit Griffen –, die man beim Springen hinter sich fallen ließ, um sein Gewicht zu reduzieren und sich selbst einen weiteren Schub zu geben (Abb. 70). Die Gewichte der erhaltenen Halteres variieren zwischen 1,480 und 2,018 kg; es gibt auch eines von 4,629 kg, aber dabei muss es sich wohl um ein Exvoto handeln (Abb. 69).

Die Länge des Sprungs wurde mit einer Holzstange namens Kanon (κανών) gemessen – davon ist das moderne Wort *kanonisch* oder *nach Maß* abgeleitet. Die Nachricht,

Abb. 71
Speerwerfer auf einem
Bronzediskus aus
Aigina, ca. 470 v. Chr.,
Berlin, Antikensammlung
Fr 1273.

Abb. 72 Diskoswerfer, attisch rotfigurige Kylix des Kleomelos-Malers, um 510–500 v. Chr., Paris, Louvre G 111.

Abb. 73 Diskoswerfer, attisch schwarzfigurige panathenäische Amphora des Achilleus-Malers, 445–440 v. Chr., Neapel, Archäologisches National-museum 86357.

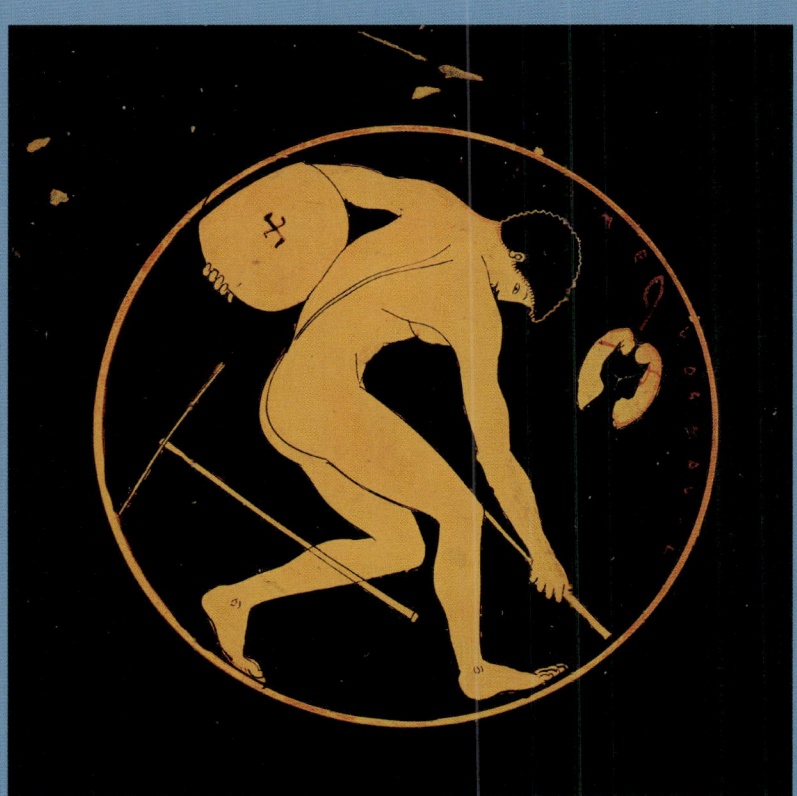

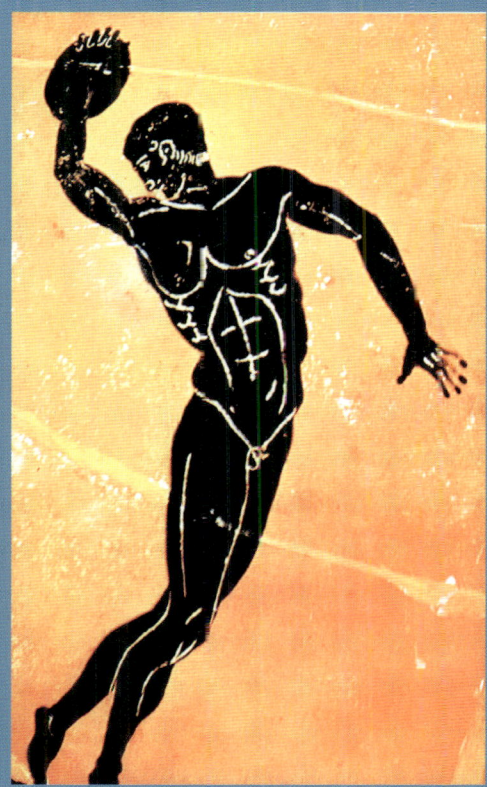

dass Chionis aus Sparta einen Sprung von 52 Fuß (16–17 m) gemacht habe, könnte darauf hindeuten, dass es neben dem einfachen Sprung auch den Dreisprung gab.

Der Diskoswurf

In der griechischen Mythologie tötete Apollon versehentlich seinen Freund Hyakinthos mit dem Diskos und Perseus seinen Großvater Akrisios. Das Diskoswerfen (δίσκος) taucht auch bei den Leichenspielen auf, die Achilleus zu Ehren des verstorbenen Patroklos veranstaltet hat.

Der Diskos kann aus Stein, Eisen, Blei oder Bronze bestehen. Die erhaltenen Exemplare haben einen Durchmesser von 17 bis 32 cm und wiegen 1,3 bis 6,6 kg – dieses letzte Gewicht bezieht sich jedoch auf ein Exvoto (Abb. 71).

Das Meisterwerk, das symbolisch für diese Sportart steht, bleibt der Diskobol des Myron von 460 v. Chr. Die originale Bronzestatue ist verloren, aber von den römischen Kopien befindet sich die schönste heute im Museo Nazionale Romano (vgl. Abb. 13).

Myron war als griechischer Bildhauer etwa in den Jahren 470–440 v. Chr. tätig. Er war mit der heroischen und sportlichen Welt sehr verbunden und bildete die männliche athletische Figur vor allem im Moment des Höhe-

punktes (*akme*) seiner Anstrengung ab. Seine Werke sind so gestaltet, dass sie das Zusammenspiel der verschiedenen Muskeln der sich bewegenden Athleten wiedergeben. Lukian von Samosata (2. Jh. n. Chr.) gibt uns eine gute Beschreibung:

> … *Diskobolus, des sich in der Stellung einer Person, die im Begriff zu werfen ist, vorwärtsbeugt, den Kopf nach dem Mädchen kehrt, die ihm den Diskos hinreichte, das eine Knie ein wenig eingebeugt und ganz so aussieht, als ob er sich mit dem Wurfe zugleich in die Höhe richten werde.*[86]

Cicero[87] sagte, dass die Statuen des Myron schön seien, und Quintilian[88] schätzte die Neuheit und Schwierigkeit (*novitas ac difficultas*) dieser verdrehten und komplexen Komposition (*tam distortum et elaboratum*).

Es gibt zahlreiche Steinreliefs und Vasenbilder, die eine Vielzahl von Positionen der Diskoswerfer bieten, aber auf diesen heben die Athleten den Diskos nur an (Abb. 72). Offensichtlich gab es zwei Wurfvarianten: aus dem Stand und aus der Bewegung (Abb. 73).

Der Speerwurf

Das Speerwerfen (ἀκόντιον) wurde zweifellos sowohl von der Jagd als auch vom Krieg beeinflusst. Eine Eisen- oder Bronzespitze wurde auf eine Holzstange gesteckt. Der grundlegende Unterschied zu heute ist, dass in der Antike in der Mitte der Stange eine lederne Wurfschlinge (*ankyle*) befestigt war, in das der Athlet seinen Zeige- und Mittelfinger legte, nicht nur um mehr Druck zu geben, sondern auch um die Flugbahn zu bestimmen (vgl. Abb. 71. 74).

Die Wettbewerbe fanden im Stadion statt. Es gab auch Scheibenschießen, meist auf einen aufgehängten Schild, das sowohl zu Fuß als auch zu Pferd ausgeübt werden konnte (vgl. Abb. 91).

Der Ringkampf

Philostrat erzählt uns, dass der Ringkampf (πάλη) von Palaistra, der Tochter des Hermes, in den Wäldern von Arkadien erfunden wurde.[89] Er führt an anderer Stelle aus:

Abb. 74
Speerwerfer, attisch rotfigurige Oinochoe, um 450 v. Chr., Paris, Louvre G 243.

Abb. 75
Ringer, attisch schwarz-
figurige panathenäische
Amphora der Gruppe von
Vatikan G 23, 525–475
v. Chr., München, Antikensammlungen 1464.

Dass Ringen und Pankration zum Nutzen des Kriegs erfunden sind, beweisen zuallererst die Kriegstat bei Marathon (490 v. Chr.), die von den Athenern so ausgeführt wurde, dass sie einem Ringkampf ähnelte, und sodann die bei den Thermopylai (480 v. Chr.), da die Lakedaimonier, als ihnen die Schwerter und Lanzen zerbrachen, vielfach mit bloßen Händen kämpften.[90]

Der Kampf fand auf einer mit befeuchtetem Sand bedeckten Fläche statt (Abb. 75). Maximal acht Paare wurden ausgelost. Faustschläge, Griffe zwischen die Beine, Bisse und Kämpfe außerhalb des abgesteckten Kampfplatzes waren verboten (Abb. 76).

Bei den Agonen gab es zwei Arten des Kampfes: im Standkampf (*orthia pale*) hatte man gewonnen, wenn man den Gegner dreimal zu Boden geworfen hatte, im Boden-

Abb. 76
Ringer und Schiedsrichter,
attisch schwarzfigurige
panathenäische Amphora,
550–500 v. Chr., Boulogne,
Musée Communale 441.

Abb. 77
Strigilis, Olympia,
Archäologisches Museum
B 5701.

kampf (*kato pale*), wenn der Gegner erschöpft den Richtern mit dem Zeigefinger anzeigte, dass er aufgeben möchte.

Die Athleten reinigten sich nach dem Kampf mit einem Eisen- oder Bronzeschaber, einer sog. Strigilis (Abb. 77). Nach dem Waschen besprühten sie sich mit parfümierten Ölen, die in einem kleinen Aryballos aufbewahrt wurden, die sie an ihren Handgelenken trugen (Abb. 78).

Abb. 78
Attisch schwarzfiguriger
Aryballos des Amasis-
Malers (8,3 cm hoch),
um 550 v. Chr., New York,
Metropolitan Museum of
Arts 62.11.11.

Abb. 79
Faustkämpfe und Aulet,
lukanische Grabmale-
rei aus Paestum (Grab
4), Mitte 4. Jh. v. Chr.,
Paestum, Archäologisches
Museum 31735.

Der Faustkampf

Nach den Fresken von Thera zu urteilen, die sich heute im Nationalmuseum von Athen befinden, wurde der Faustkampf (πυγμή) bereits bei den Minoern ausgeübt (vgl. Abb. 5). Für die Griechen galt Apollon als Erfinder. Er ist auch im geometrischen Zeitalter (8. Jh. v. Chr.) bezeugt, vielleicht als Anspielung auf die Leichenspiele, die Achilleus zu Ehren von Patroklos veranstaltete.

Die Faustkämpfer trugen Riemen (*himantes*) aus Rindsleder, die um die Finger und die Hand gewickelt waren (Abb. 79. 80); ihre Form veränderte sich im Laufe der Jahrhunderte und nahm durch die Wollpolsterung die Form der heutigen Boxhandschuhe (*sphairai*) an. Bei den Römern im 2. Jh. n. Chr. waren diese dann mit starren Ringen aus dickem Leder und Einsätzen von Metallnieten (*caestus*) ausgestattet, die tiefe Wunden verursachen konnten. Die Wettbewerbe fanden auf einem dem heutigen Boxring ähnlichen Kampfplatz statt.

Der grundlegende Unterschied zum modernen Boxen besteht darin, dass es kein Zeitlimit von 15 Runden zu je 3 Minuten gab. Griffe oder Schläge auf die Genitalien waren verboten. Der Wettkampf endete, wenn einer bewusstlos wurde oder seinen Zeigefinger als Zeichen der Aufgabe hochhob.

Antike Schriftsteller berichten von berühmten Siegern, deren Namen in die Geschichte eingegangen sind. Dies gilt vor allem für Glaukos von Karystos, der einmal bei den Olympischen Spiele gewann, zweimal bei den Pythischen, je achtmal bei den Nemeischen und den Isthmischen Spielen.

In der Kunst bleibt der berühmteste Faustkämpfer derjenige, der als Bronzestatue im Museo Nazionale Romano (Palazzo Massimo alle Terme) in Rom ausgestellt ist (vgl. Abb. 6).

Wie bei den heutigen Boxern haben die Faustkämpfer oft ihr schönes jugendliches Aussehen verloren, wie im Falle von Apollophanes (Abb. 81):

Ei, Apollophanes! Mensch! Dein Kopf
ist ein Sieb ja geworden,
oder der Rand eines Buches, den schon
aie Motten zernagt. [...]
Boxe nur fort! Keine Angst! Auch wenn
man den Kopf dir durchlöchert,
Lieber, du hast, was du hast. Mehr
kriegst du niemals hinein.[91]

Abb. 80
Sog. Faustwehr des Faust-
kämpfers vom Quirinal,
Bronze, 1. Jh. v. Chr., Rom,
Nationalmuseum /
Palazzo Massimo 1055.

Abb. 81
Kopf eines Faustkämpfers,
Marmor, um 390 v. Chr.,
Rom, Nationalmuseum /
Palazzo Massimo.

Das Pankration

Die Griechen glaubten, dass der Athener Held Theseus das Pankration (παγκράτιον) erfunden hatte, um im Labyrinth von Kreta den Minotauros zu besiegen, das Mischwesen aus Mensch und Stier, das die athenischen Kinder verschlang (Abb. 82). Auch Herakles war als Faustkämpfer und Pankratiast berühmt.

Philostrat definiert diese Disziplin so:

Unter allen Wettkämpfen, die üblich sind, ragt das Pankration heraus, obwohl es eigentlich aus unvollkommenem Ringen und unvollkommenem Boxen zusammengesetzt ist.[92]

Wie das griechische Wort (*pan* = alles, *kratos* = Kraft) sagt, war Pankration ein Allkampf. Gekämpft wurde mit bloßen Händen, also ohne Kampfhandschuhe und alles war erlaubt: Fußtritte, Faustschläge, Hebel, Würgen etc. Kurz gesagt, es ist eine allumfassende Kampfkunst, welche die Techniken des Ringkampfes und des Faustkampfes sowie zusätzlich das Treten (ähnlich wie beim heutigen Karate) zusammenfasste (Abb. 83).

Ähnlich wie das heutige Wrestling konnte das Pankration tödlich enden. Es ist vergleichbar mit den Kampfsportarten, die in der Armee trainiert werden, um die schnelle Beseitigung des Feindes zu erreichen. Genau aus diesem Grund hat schon Alexander der

Abb. 84
Ringergruppe, römische Marmorkopie nach einem Bronzeoriginal um 220–200 v. Chr., Florenz, Uffizien.

nige wurden mit einem verbotenen Schlag ausgeführt. Es gab auch Fälle, in denen der Gewinner kurz nach dem Sieg wegen der erlittenen Schläge starb. So erzählt Pausanias von Arrhachion von Phigaleia, der vom Gegner mit den Beinen umklammert und mit den Händen am Hals erwürgt wurde:

Arrhachion aber brach seinem Gegner einen Zeh am Fuß, und gleichzeitig gab Arrhachion, erwürgt, seinen Geist auf und der den Arrhachion Erwürgende den Kampf vor Schmerz wegen des Zehs. Die Eleer bekränzten den Leichnam des Arrhachion und erklärten ihn als Sieger.[93]

Es gab auch eine Regelung für die *Ephedria* (des Überzähligen): In den Paarkämpfen — wie Ringkampf, Faustkampf und Pankration — konnte es vorkommen, dass bei einer ungeraden Anzahl von Teilnehmern ein Athlet überzählig war. In jeder Vorrunde setzte ein Athlet aus (es konnte auch mehrmals derselbe sein), er war ἔφεδρος, das hatte den Vorteil, dass er noch frisch bei Kräften war. Bei dem römischen Pankratisten Publios Kornelios Ariston, der 49 n. Chr. das Pankration der Jungen gewann, wird allerdings extra betont, dass er ἀνέφεδρος war, d. h. er war Sieger ohne auch nur einmal ausgesetzt zu haben.[94]

Bei diesen drei Disziplinen (Ringkampf, Faustkampf, Pankration) konnte es auch oft vorkommen, dass ein Athlet so gefürchtet war, dass andere sich aus dem Wettbewerb zurückgezogen haben. Dieser Sieg wurde als staubfrei (ἀκονιτί) bezeichnet, d. h. der Athlet hatte gewonnen, ohne sich mit dem Sand des Kampfplatzes schmutzig gemacht zu haben.

Ein weiterer ungewöhnlicher Sieg war der heilige (*hiera*): Wenn die Entscheidung der Kampfrichter nicht einstimmig war, dann wurde der Kranz der Gottheit geweiht.

Große diese in die Ausbildung seiner Soldaten einbezogen.

So ist beispielsweise bei der Marmorgruppe, die sich heute in den Uffizien in Florenz befindet, die Kampfunfähigkeit des am Boden liegenden ähnlich wie bei einem Ringkampf, aber der überlegene Athlet hebt seinen rechten Arm, um zu einem Schlag auszuholen, und deshalb handelt es sich um das Pankration (Abb. 84).

Wie beim Ringkampf gab es den Stand- und den Bodenkampf. Einige Griffe wurden nur in der Antike angewendet, wie das Brechen von Fingern und Gelenken, Schläge auf die Schläfen, den Nacken und in die Leistengegend. Vielleicht waren die einzigen Verbote das Beißen des Gegners und das Eindrücken der Augen. Auch beim Pankration wurde die Kapitulation durch Anheben des Zeigefingers signalisiert.

Es gab viele Fälle, in denen ein Athlet den Tod des Gegners verursachte, aber nur we-

Die hippischen Agone

Die Wagenrennen

Pferderennen und Wagenrennen gehörten zu den spektakulärsten Sportarten im antiken Griechenland. In Olympia war der Wettstreit zwischen Oinomaos und Pelops das älteste mythische Wagenrennen. Es ist im Ostgiebel des Zeustempels in Olympia dargestellt (Abb. 85). Bereits in geometrischer Zeit erscheinen Darstellungen von Wagenrennen in Verbindung mit Leichenspielen (Abb. 86).

Die wichtigsten Arten waren das Tethrippon (τέθριππον), ein Wagenrennen mit vier Pferden über etwa 14 km oder mit vier Fohlen über 9,2 km, außerdem die Apene (ἀπήνη), ein vierrädriger Wagen mit zwei Maultieren,

und die Synoris (συνωρίς) mit zwei Pferden über 9,2 km oder mit zwei Fohlen über 3,5 km.

Bei den Viergespannen waren die Zygioi (ζύγιος), die schnelleren und stärkeren Zug- oder Jochpferde, an den Wagen gespannt, während die Seiraphoroi (σειραφόρος), die Handpferde, außen frei an der Leine liefen (Abb. 87).

Die Rennen fanden in einem etwa 600 x 200 m großen Hippodrom statt, in dem eine Runde etwa sechs Stadien entsprach. Üblicherweise waren sie dem Poseidon Hippios geweiht, dem Beschützer der Pferde. Im Hippodrom von Olympia verhinderte ein

Abb. 85
Zeus zwischen Oinomaos und Pelops, Ostgiebel des Zeus-Tempels, Olympia, Archäologisches Museum.

Mechanismus einen Fehlstart der Pferde. Der Start wurde durch das gleichzeitige Abheben eines Bronzeadlers und das Absenken eines Delphins angezeigt.[95]

Wie auch heute noch waren die Sieger nicht die Jockeys oder die Wagenlenker, sondern die Besitzer der Rennställe. Da die Pferde kostbar waren, handelte es sich oft um reiche Aristokraten oder gar um die Tyrannen wie Gelon und Hieron von Syrakus, Arkesilaos von Kyrene, Periandros von Korinth oder Damaratos von Sparta.

Abb. 88 Pferderennen, korinthisch schwarzfiguriger Kolone=tenkrater (sog. Eurytios-Krater), um 600 v. Chr., Paris, Louvre E 635.

Abb. 89
Pferderennen, attisch
schwarzfigurige
panathenäische Amphora
des Eucharides-Malers,
ca. 490 v. Chr., New York,
Metropolitan Museum of
Art 56.171.3

Abb. 90
Sog. Reiter Rampin, Kopf
ergänzt nach dem Origi-
nal Paris, Louvre (Ma 3104),
um 550 v. Chr., Athen,
Akropolis Museum Akr 590.

Die Pferderennen

Bei den Pferderennen in Olympia gab es den Keles (κέλης) mit Pferden über zwölf Stadien und mit Fohlen über sechs Stadien, außerdem die Kalpe (κάλπη) mit Stuten, bei dem die Reiter am Ende des Rennens absprangen, die Stuten am Zügel hielten und neben ihnen ins Ziel liefen.[96]

Die ikonographischen Zeugnisse zeigen Jockeys ohne Sattel, nackt oder mit einem kurzen Chiton bekleidet (Abb. 88. 89). Wie auch heute noch üblich, gaben die Griechen den Pferden Namen: Auf einer Bronzegruppe des Olympioniken Kleosthenes aus Epidamnos (516 v. Chr.) mit Wagen und Wagenlenker tragen die Pferde nach Pausanias folgende Namen: Phoinix, Korax, Knakias und Samos[97].

Sowohl die mächtigen aristokratischen Familien der Alkmaioniden als auch die der Peisistratiden waren in archaischer Zeit berühmte Pferdezüchter und auch Sieger in Olympia, Nemea und Isthmia. Wer weiß, ob nicht die Skulpturen der Reiter auf der Akropolis von Athen vielleicht ihre Familienangehörigen oder Freunde waren – wie der berühmte Reiter Rampin, der auf seinem Kopf einen Eichenkranz (Sieg in Delphi) oder Selleriekranz (Sieg in Nemea oder Isthmia) trägt (Abb. 90. vgl. auch Abb. 115).

Andere nichtolympische Sportarten

Außer den kanonischen Wettspielen mit Preisen, die den festen Kern der Olympischen Spiele bildeten, gab es weitere sportliche Veranstaltungen, die der Unterhaltung des Publikums dienten. Es wurde auf diese Weise angeregt, weitere Tage am Ort zu bleiben.

Bogenschießen oder Speerwurf zu Pferde

Achilleus bezog das Bogenschießen im Laufen mit in die Leichenspiele zu Ehren des Patroklos ein, und tatsächlich ist der Bogen auf zahlreichen geometrischen Vasenbildern (8. Jh. v. Chr.) nachzuweisen. In der Folgezeit war es für das griechische Militär nicht mehr so bedeutend, weil die Griechen kretische oder skythische Söldner bevorzugten, die vorzügliche Bogenschützen waren. Dieses Können blieb nur für die Jagd von Nutzen. Es kehrte aber in der Mitte des 4. Jhs. v. Chr. zurück, als es für die Ausbildung der Epheben vorgeschrieben wurde. Platon empfiehlt beispielsweise, dass die Jungen und Mädchen ab sechs Jahren im Bogenschießen und anderen Sportarten mit beiden Händen ausgebildet werden sollten.[98] Es existierte auch eine Variante des Bogenschießens zu Pferde, die dem japanischen Yabusame sehr ähnlich ist, sowie das Speerwerfen zu Pferde (Abb. 91).

Abb. 91
Speerwerfen zu Pferd, attisch schwarzfigurige panathenäische Amphora, 425–400 v. Chr., London, Britisches Museum 1930,0217.1.

Wettkämpfe mit Waffen

D er Wettkampf mit Waffen, die Hoplo-
machia (ὁπλομαχία), war eine Zurschaustellung der körperlichen Fähigkeiten,
der Raffinesse und der Ausdauer. Er hatte
aber nichts mit der blutigen Brutalität der römischen Gladiatorenspiele zu tun, auch wenn

die Gemälde von Paestum das Blut der Wettkämpfer zeigen (Abb. 92). Seit der geometrischen und häufig auch in der archaischen Zeit
wurden sie wieder bei Leichenspielen zu Ehren eines verstorbenen Heroen aufgenommen
(Abb. 93).

Reiterakrobaten

Die verschiedenen Darbietungen der Reiterakrobaten sind bis heute im Zirkus verbreitet. Neben dem üblichen Voltigieren (Abb. 94) gab es ein Wagenrennen, bei dem bewaffnete Wettkämpfer (*apobates*) schnell und graziös von einem fahrenden Wagen mit Wagenlenker ab- und vermutlich wieder aufsprangen (Abb. 95). Auch in diesem Fall ist die Beziehung zur Kriegspraxis erkennbar.

Abb. 94
Akrobatikeinlage eines Kriegers auf einem Pferd, attisch schwarzfigurige panathenäische Amphora, 550–500 v. Chr., Paris Cabinet des Medailles 243.

Abb. 95
Apobatenlauf, reliefierte Statuenbasis, um 300 v. Chr., Athen, Akropolismuseum 1326.

Abb. 96
Fackellauf, attisch rotfiguriger Glockenkrater, um 400 v. Chr., Wien, Kunsthistorisches Museum 3734.

Abb. 97
Preisverleihung nach dem Fackellauf, attisch rotfiguriger Glockenkrater des Nikias, 420–400 v. Chr., London, Britisches Museum 1898,0716.6

Der Fackellauf

Der Fackellauf (λαμπαδοδρομία) war religiösen, nicht kriegerischen Ursprungs. Es handelte sich um einen Lauf von einem Tempel zu einem weiter entfernten Altar oder umgekehrt, bei dem das heilige Feuer nicht verlöschen durfte (Abb. 96). Eine Variante war der Stafettenlauf. Der Preis bestand aus einem Kranz aus lanzettförmigen Blättern (Abb. 97). Bei den Panathenaia in Athen betrug die Distanz von der Akademie bis zum Fuß der Akropolis 2500 m, in Delphi vom Gymnasion bis zum Altar vor dem Tempel des Apollon 1500 m und in Epidauros vom Altar des Asklepios bis zum Altar des Apollon Meleatas 800 m. Dieser Lauf war einer der Höhepunkte der Anthesteria, dem Frühlingsfest in Athen. Bei den Festen in Delos war er den Jungen vorbehalten, in Brauron im Heiligtum der Artemis Brauronia den Mädchen.

Gewichtheben

Auf einem 143,5 kg schweren Felsblock in Olympia ist eine Inschrift[99] eingeritzt, die besagt, dass Bybon ihn mit einer Hand bis über den Kopf gestemmt habe (Abb. 98).

Das Gewichtheben gehörte nicht zu den kanonischen Wettbewerben in Olympia, aber es wurde als Übung für den Aufbau der Armmuskulatur genutzt (Abb. 99).

Abb. 98
Gewicht des Bybon, Sandstein, 6. Jh. v. Chr., Olympia, Archäologisches Museum L 191.

Abb. 99
Jüngling mit Gewichten, attisch rotfigurige Kylix, 525–450 v. Chr., Würzburg, Martin von Wagner Museum L 476.

Der Waffentanz / Die Pyrrhiche

Der Waffentanz (πυρρίχη) war ein rhythmischer Tanz nackter Jünglinge mit Waffen, ähnlich dem heutigen weitverbreiteten Schwertertanz oder den traditionellen kretischen Tänzen mit langen Messern (Abb. 100 a.b). Das Ziel war, die Bewegungen der Wettkämpfer geschmei-

dig zu machen wie bei dem Kata der japanischen Kampfkünste oder dem Taolu der Chinesen. Hier ist der Hinweis interessant, dass es auch einen Wettkampf mit den Schatten (σκιαμαχία) gab, eine kriegerische Übung ohne Gegner, auch diese zur Förderung der Beweglichkeit.

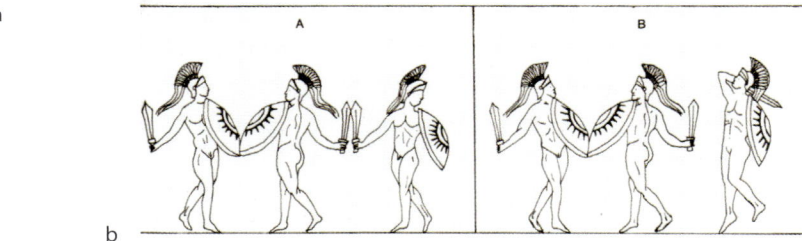

a

b

Abb. 100 a.b
Darstellung eines Waffentanzes, Marmor, Oplontis.

Abb. 101
Athleten in der Palaistra beim Ballspiel, attisches Basisrelief, um 510 v. Chr., Marmor, Athen, Archäologisches Nationalmuseum 3476.

Abb. 102
Sog. Hockeyspieler-Basis, Marmor, um 500–490 v. Chr., Athen, Archäologisches Nationalmuseum 3477.

Abb. 103 Ballspielender Jüngling, Fragment einer Grabstele, Marmor, 400–375 v. Chr., Athen, Archäologisches Nationalmuseum 873.

Ballspiele

In den Gymnasien wurde das Ballspiel (σφαίρισις) sowohl einzeln als auch im Team geübt (Abb. 101), so hatten Jungen und Mädchen Freude beim gemeinsamen Spiel. Zu diesen Mannschaftsspielen gehörte auch das Keretizein (κερητίζειν), das dem heutigen Hockey ähnlich ist (Abb. 102).

Ein Flachrelief auf einer Grabvase aus Marmor im Nationalmuseum von Athen zeigt einen Athleten, der einen Ball auf seinem rechten Oberschenkel balanciert (Abb. 103).[100] Dieses Motiv wird auf dem Pokal der Fußball-Europameisterschaft verwendet.

Ein weiteres Spiel waren die Ourania/Urania, das darin bestand, den Ball hochzuwerfen, ohne ihn auf den Boden fallen zu lassen. Der Verlierer wurde zum «Esel» und musste den Gewinner auf seinen Schultern tragen, der zum «König» wurde.

Abb. 104
Turmspringer, bemalte
Grabplatte aus dem Grab
des Tauchers, 480–470
v. Chr., Paestum, Archäo-
logisches Museum.

Schwimmen und Turmspringen

Das Schwimmen wurde von den Griechen als eine praktische, aber nicht agonistische Tätigkeit angesehen, weshalb nur ein einziger Stil bekannt ist, der dem heutigen Kraulen entspricht.

Herodot berichtet von einigen Griechen, die sich schwimmend bei der Seeschlacht von Salamis (480 v. Chr.) retten konnten:

In diesem Kampf fiel der Feldherr Aria-
bignes, der Sohn des Dareios und ein
Bruder des Xerxes. Mit ihm aber fanden
noch viele andere bekannte Männer
der Perser, der Meder und der anderen
Bundesgenossen den Tod; auch von den
Griechen kamen einige wenige ums
Leben. Weil sie schwimmen konnten, ret-
teten sie sich hinüber nach Salamis. [101]

Im Gymnasion in Olympia wurde ein Wasserbecken (4,19 x 3,02 m und 1,38 m tief) gefunden, das jedoch nur zur Erfrischung diente, nicht aber für Wettkämpfe. Das einzige wirkliche Schwimmbecken mit einer Größe von 24 x 16 m und 1,60 m tief wurde ebenfalls in Olympia in der Nähe des Kladeos entdeckt.

Das bekannte Grab des Tauchers in Paestum (Poseidonia) besteht aus bemalten Steinplatten. Auf der Deckplatte ist das einzigartige Bild eines Jünglings zu sehen, der sich kopfüber von einem Sprungturm ins Wasser stürzt. Ob es sich dabei um einen wirklichen Turmspringer oder um einen symbolischen Sprung ins Jenseits handelt, weiß man nicht. Der perfekte Stil des Springers ist der eindeutige Beweis für eine bekannte und verbreitete Praxis (Abb. 104).

Der Ablauf der Olympischen Spiele

Die einzelnen Wettbewerbstage

Die ersten Olympischen Spiele fanden 776 v. Chr. statt, die letzten vielleicht 393 n. Chr. (die 293. Spiele), alle vier Jahre an fünf Tagen Ende Juli / Anfang August. Dank der antiken Schriftsteller, vor allem Pindar, Pausanias und Athenaios[102], sowie der archäologischen Befunde ist es möglich, das Programm hypothetisch zu rekonstruieren. Die Dauer und die Reihenfolge der Spiele variierten bis ins 4. Jh. v. Chr., die danach als kanonisch angesehen werden können.

Schon am Vorabend waren Athleten, Trainer, Philosophen, Politiker, Delegationen und gewöhnliche Besucher in Olympia zusammengeströmt, um sich in den Wäldern und am Ufer des Alphaios in improvisierten Zelten einzurichten – vornehme Gäste logierten in einer Herberge, dem Leonidaion.

Der erste Tag

Der erste Tag beginnt mit einer offiziellen Prozession, an der die Magistrate von Elis, die Priester, die Schiedsrichter in purpurfarbenem Chiton, die Athleten, die Wagenlenker, die Trainer und die jugendlichen Athleten mit ihren Eltern teilnehmen. Die Zeremonie fängt mit der Registrierung der Athleten an. Auf dem Altar des Zeus Horkios im Bouleuterion wird ein Eber geopfert, und mit einem feierlichen Eid verpflichten sich die Athleten, keine Frevel während der Spiele zu begehen, die Schiedsrichter und die Organisatoren schwören, fair zu handeln und die Gründe für ihre Entscheidungen als Geheimnis zu bewahren.[103]

Den Anfang macht der Wettbewerb zur Auswahl der Salpisten, die mit Musik die verschiedenen Momente der Spiele begleiten, und der Herolde, die die Namen der Sieger ausrufen. Es siegte vermutlich, wer am lautesten spielen bzw. reden konnte.

Nach Erledigung der Formalitäten erfüllen die einen die Sühneopfer, während die anderen durch den heiligen Bezirk laufen, um die zahlreichen Kunstwerke zu bewundern. Gegen Abend werden die Athleten von ihren Trainern zum Schlafen geschickt, ihre Landsleute versammeln sich an den Feuerstellen und erzählen von vergangenen ruhmreichen Ereignissen oder sie singen zusammen mit ihren eigenen Musikern und Dichtern.

Der zweite Tag

Bei Sonnenaufgang ist das Stadion schon gefüllt – ca. 50 000 Zuschauer! Die Schiedsrichter ziehen in feierlicher Prozession mit langsamen Schritten und den Palmzweigen in den Händen in das Stadion ein und gehen zu ihren Marmorsitzen in der Mitte der südlichen Langseite. Ihnen gegenüber sitzt auf einem Thron die einzige anwesende Frau, die Priesterin der Demeter Chamyne. Die Herolde künden den Beginn der Spiele an, die Läufer treten ein und werden für die Wettkämpfe ausgelost. Auf die einzelnen Runden folgt das Finale, und der Herold verkündet den Namen des Siegers. Das Publikum jubelt, und die Schiedsrichter überreichen die Kränze aus Olivenzweigen und Palmblätter für die Sieger.

Es folgt der Ringkampf der Jungen, die paarweise antreten. Am Ende der Runden wird der endgültige, erschöpfte, aber stolze Sieger benannt. Gleiches gilt für den Faustkampf und das Pankration. Mit Sonnenuntergang trägt das Publikum die Sieger im Triumph auf den Schultern zu den eigenen Zelten, um bis weit in die Nacht mit Wein und Gesängen zu feiern.

Der dritte Tag

Es ist der Tag der hippischen Agone. Im Hippodrom drängt sich die Menge, um die aufregenden und oft dramatischen Rennen zu erleben (wie die heutigen Motorrad- oder Autorennen): die Wagenrennen der Zwei- oder Viergespanne mit Pferden, Fohlen oder Maultieren sowie die Galopprennen der Pferde oder Fohlen.

Nach dem Mittag begibt sich die Menge ins Stadion zum Pentathlon-Wettkampf mit Weitsprung, Diskoswerfen, Laufen, Speerwerfen, Ringkampf. Der Ringer ist der letzte Sieger des Tages, und den Abschluss bildet eine feierliche Zeremonie am Pelopeion, dem Grab des Pelops, der die Wagenrennen einführte.

Der vierte Tag

Dieser Tag, der mit dem Vollmond zusammenfiel, galt als der allerheiligste. Am Morgen gehen die sakralen und profanen Autoritäten in einer feierlichen Prozession vom Gymnasion zum Altar des Zeus, um ein riesiges Opfer darzubringen, nämlich eine Hekatombe, d. h. 100 Ochsen, von denen aber nur die Keulen verbrannt wurden.

Am Nachmittag begibt man sich wieder ins Stadion, wo die Einzel-Agone im Faustkampf, Ringkampf, Pankration und die übrigen Laufwettbewerbe ausgetragen werden. Am Ende des Tages findet der Waffenlauf statt. Die nackten Läufer tragen bei diesem letzten Wettbewerb der Spiele einen Helm, Schild und Lanze.

Der fünfte Tag

Der letzte Tag ist streng religiös und nur den Dankopfern für die Götter gewidmet. Die Olympioniken mit dem Palmzweig betreten den Tempel des Zeus, in dem sie von den Hellanodikai bekränzt werden, während unter lautem Jubel ihrer Anhänger ein Herold ihre Namen verkündet.

Am Mittag sind alle Sieger in das Prytaneion zu einer festlichen Mahlzeit zu ihren Ehren eingeladen, an der auch die Schiedsrichter, die Gesandten und Amtsträger teilnehmen. Schließlich ertönen am Abend und bis in die späte Nacht am Alpheios Gesänge und Hymnen – die Olympischen Spiele sind beendet. Die darauffolgenden drei Jahre nutzten die Athleten wieder für intensives Training.

Strafen, Preise und Ehrungen

Strafen

Es gab drei Arten von Bestrafung: Geld-strafen, körperliche Strafen und Aus-schluss von den Spielen. Die Einnahmen aus den Geldbußen wurden zwischen dem Hei-ligtum und Betrogenen aufgeteilt. Wenn ein Athlet den Betrag nicht zur Verfügung hatte, übernahm ihn seine Heimatstadt, um zu ver-hindern, dass ein Mitbürger ausgewiesen würde. Mit den Einnahmen aus den Geldbu-ßen für Bestechungsversuche errichteten die Priester vor der Schatzhausterrasse Statuen des Zeus, die sog. Zanes (pl. von Zeus).

Pausanias berichtet:

(5) Nach Eupolos, sagt man, habe der Athener Kallippos als Fünfkämpfer seine Gegner mit Geld abgekauft, und das sei die 112. Olympiade gewesen. Als dem Kallippos und seinen Gegnern von den Eleern Strafen auferlegt wurden, schick-ten die Athener Hypereides, um die Eleer zu veranlassen, ihnen die Strafe zu erlas-sen. Da die Eleer ihnen diesen Gefallen nicht taten, mißachteten die Athener sie so sehr, daß sie das Geld nicht zahlten und von den Olympien fernblieben, bis ihnen der Gott in Delphoi sagte, er werde ihnen nicht eher über irgend etwas ein Orakel geben, als bis sie die Strafe an die Eleer gezahlt hätten.
(6) So zahlten sie und wurden die Statuen für Zeus gemacht, sechs auch diese, und auch auf ihnen stehen Epigramme, nicht besser gedichtet als die über die Bestrafung des Eupolos. Der Inhalt der In-schriften ist, zuerst, daß die Statuen auf-gestellt sind nach dem Spruch des Gottes, der die Beschlüsse der Eleer gegen die Fünfkämpfer ehrte, auf der zweiten und ebenso auf der dritten ein Lob der Eleer wegen der Bestrafung der Fünfkämpfer,

(7) und die vierte will sagen, daß es beim Wettkampf in Olympia um Tüchtigkeit und nicht um Geld geht. Von den Inschriften auf der fünften und sechsten Statue erklärt die eine, aus welchem Grunde die Statuen aufgestellt sind, die andere erinnert an das Orakel, das an die Athener aus Del-phoi ergangen ist.[104]

Das Auspeitschen war eine zutiefst demüti-gende Strafe, weil sie üblicherweise den Skla-ven zugedacht war. In Olympia wurden die Hiebe mit Stöcken ausgeteilt bei einem Fehl-start oder bei dem Versuch, im Pankration den Gegner zu erwürgen. Die Peitschenhiebe im olympischen Reglement konnten den ganzen Körper treffen, aber niemals den Kopf. Sie wurden auch während eines Wettkampfes aus-geteilt, wie bei einem Faustkampf, als einer der Teilnehmer seinen Gegner biß. Es traf auch den Athener Alkibiades, der mit seinen Vierge-spannen den ersten, zweiten und vierten Platz erreicht hatte. Er wurde wegen Überheblich-keit ausgepeitscht, weil er sagte, er stamme aus der besten Stadt.[105]

Abb. 105
Viergespann mit Wagen-lenker, der von Nike be-kränzt wird, Dekadrachme, 4. Jh. v. Chr., Münzstätte Syrakus, Athen, Numisma-tisches Museum.

Abb. 106
Philipp II. von Makedonien auf einem Zweigespann, Goldstater, Athen, Numismatisches Museum.

Preise

Da man nicht allein vom Ruhm lebt, erließ der Athener Gesetzgeber Solon ein Gesetz, das den Olympioniken 500 Drachmen[106] aussetzte (Abb. 105). Zu diesen Prämien kamen dann noch diese Privilegien: kostenlose Mahlzeiten im Prytaneion auf Lebenszeit, Ehrenplätze bei Spielen in den für Amtsträger,

Abb. 107
Athlet auf dem Siegerpodest, attisch rotfigurige Kylix des Kuss-Malers, um 500 v. Chr., Baltimore, John Hopkins University B 5.

Feldherren und Gesandte reservierten Bereichen, Befreiung von Steuern; in Sparta durften sie gleichberechtigt (*homoioi*) an der Seite des Königs kämpfen; Ernennung zu Feldherren oder Koloniegründern, Verleihung des Bürgerrechtes (seit Beginn der hellenistisch-römischen Zeit).

Wenn die Herrscher als Rennstallbesitzer im Wagenrennen siegten, ließen sie neue Münzen prägen (Abb. 105): Anaxilaos, der Tyrann von Rhegion, eine Tetradrachme mit Viergespann nach seinem Sieg 480 v. Chr. (75. Ol.); Philipp II. von Makedonien, der Vater Alexanders des Großen, eine Tetradrachme in Silber mit dem bekränzten Haupt des Zeus auf der Vorder- und einem Wagenlenker mit Palmzweig auf der Rückseite für einen Sieg im Jahre 356 v. Chr.; außerdem nach einem Sieg 352 oder 348 v. Chr. einen Goldstater mit dem Haupt des Apollon auf der Vorderund einem Wagenlenker auf einem Zweigespann auf der Rückseite (Abb. 106). In der römischen Kaiserzeit gaben die Städte mitunter eine ganze Münzserie heraus.

Ehrungen

Die Griechen waren der Meinung, dass man den Sieg mit dem Beistand der Götter erreichen könne, und sahen daher die Sieger auch wie Heroen an. Die Athleten träumten von dem Tag des Sieges, an dem sie auf das Siegerpodest treten würden (Abb. 107), bekränzt mit einem Siegeskranz, geschmückt mit roten Wollbinden und mit einem Palmblatt in der rechten Hand (Abb. 108. 109).

Die roten Binden wurden bei kultischen Ritualen – wie heute noch in Japan – auch um heilige Gegenstände geschlungen. Das Palmblatt wurde auf Theseus zurückgeführt, der nach seiner Rückkehr aus Kreta, wo er den Minotauros getötet hatte, auf der Insel Delos Spiele für Apollon einrichtete und die Sieger mit einem Palmzweig ehrte.[107]

In Olympia erschallten die Trompeten, die Herolde riefen die Namen der Sieger mit Vatersnamen und dem Herkunftsort aus und die

Kampfrichter (Ἑλλανοδίκαι) verliehen die Preise. Dann zog eine Prozession zum Tempel des Zeus, die Zuschauer überschütteten die Olympioniken mit Ölbaum- und Blütenblättern (*phyllobolia*). Das war der «heilige Triumph», der Höhepunkt ihres Lebens! Im Pronaos (Vorhalle) des Tempels brachten die Priester mit ihnen zusammen dem Gott ein Opfer dar.

Anschließend waren sie Ehrengäste bei einem Bankett im Prytaneion, dem Amtsgebäude, in dem auswärtige und besondere Gäste bewirtet wurden. Am Tag darauf kehrten alle nach Hause zurück. Ihre Namen blieben in den Archiven des Heiligtums, und nur der Name des Siegers im Stadionlauf — der wie heute der Hundertmeterlauf eine olympische Spezialität *par excellence* war —, wurde der jeweiligen Zählung der Olympischen Spiele hinzugefügt.

Zu Hause wurden sie triumphal empfangen, aber hier eher zivil und familiär. Sie fuhren auf einem Viergespann unter dem Jubel der Menge, aber nicht durch die gewöhnlichen Tore, sondern es wurde nur für sie ein neues geschaffen, als wären sie Götter. Exainetos aus Agrigent, 416 und 412 v. Chr. Sieger im Stadionlauf, zog beispielsweise auf einem Viergespann in seine Heimatstadt ein und wurde von 300 Zweigespannen mit weißen Pferden begleitet — wie ein siegreicher Feldherr nach einem Krieg.[108]

Auf der Agora angekommen begab sich der Athlet zum Tempel, in den er nach einem Opfer den Siegeskranz dem Stadtgott weihte. Es folgte ein gigantisches Bankett für alle Bürger. Die Stadt beschloss dann die Errichtung einer Statue mit einer Inschrift, die Namen, Heimatstadt und Sportdisziplin des Olympioniken enthielt.

So sagt es Pindar:

Wer bei Spielen oder im Krieg gewinnt
üppige Herrlichkeit,
empfängt, wohlgepriesen, höchsten
Gewinn, von der Bürger
und der Fremden Zunge das Feinste.[109]

Und bis heute überdauerten die Namen der olympischen Champions die Jahrhunderte.

Abb. 108
Bekränzung eines siegreichen Athleten, attisch rotfigurige Hydria, um 500 v. Chr., München, Staatliche Antikensammlungen 2420.

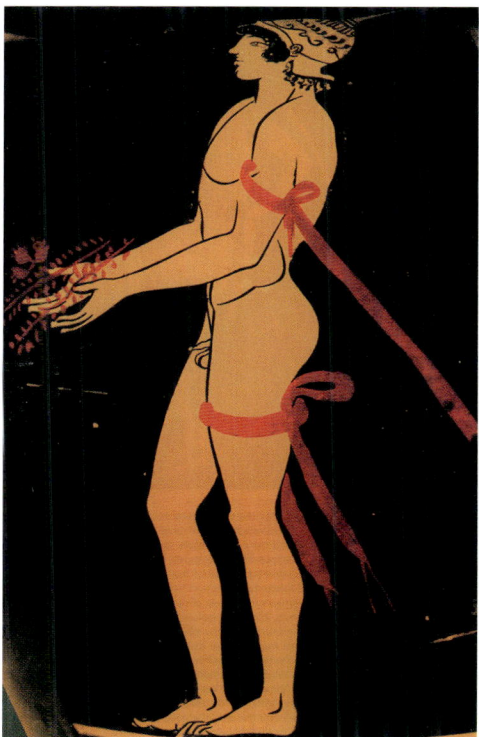

Abb. 109
Siegreicher Athlet mit Bändern geschmückt, attisch rotfigurige Halsamphora des Douris, 500–450 v. Chr., Sankt Petersburg, Eremitage B 5576.

Berühmte Athleten

An ihnen offenbarte Gott, daß der Tod für den Menschen besser sei als das Leben.[110]

Abb. 110
Kleobis und Biton, Polymedes, Marmor, um 590–580
v. Chr., Delphi, Archäologisches Museum 1524.4672
und 467.980.

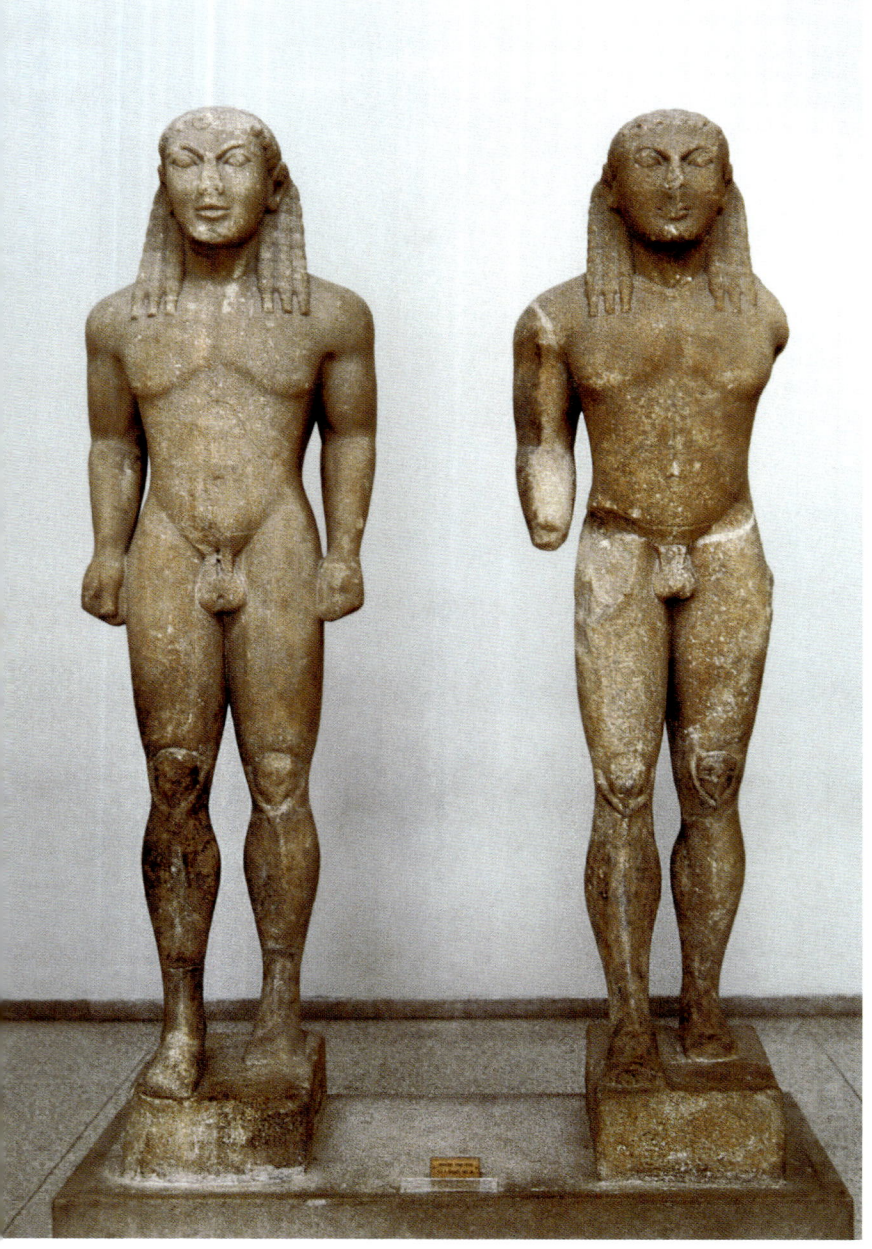

Abb. 110
Kleobis und Biton, Polymedes, Marmor, um 590–580
v. Chr., Delphi, Archäologisches Museum 1524.4672
und 467.980.

Die Olympischen Spiele fanden etwa zwölf Jahrhunderte statt, sie verhalfen den Athleten zu allerhöchstem Ruhm. Viele von ihnen wurden sogar so legendär wie He-roen. Leider haben wir von ihnen keine Por-träts, aber wir haben vielleicht die Statuen der Zwillinge Kleobis und Biton, die beide Preise bei athletischen Spielen gewannen (Abb. 110). Sie wurden um 590 v. Chr. von dem Bildhauer Polymedes von Argos angefertigt und in das Heiligtum von Delphi geweiht. Beide Statuen sind über 2 m groß und muskulöser als die gleichzeitigen attischen Werke. Die Brüder waren unvergessen, weil sie den Wagen ihrer Mutter, einer Priesterin der Hera, ungefähr 8,5 km von Argos zum Heraion zogen, weil die Zugtiere nicht zur Verfügung standen:

[Da] fragte der König (Kroisos) weiter, wen er denn für den Zweitglücklichs-ten halte. Er hoffte doch, wenigstens die zweite Stelle in der Glückseligkeit zu erhalten. Aber Solon sagte: «Kleo-bis und Biton. Diese beiden Brüder – sie stammten aus Argos – hatten ein gutes Auskommen und waren körperlich sehr stark. Beide wurden gleichzeitig Sieger in Wettkämpfen. Man erzählt folgende Ge-schichte von ihnen: Auf einem Herafest in Argos mußte ihre Mutter auf jeden Fall in einem Fahrzeug in den Tempel gefah-ren werden. Die Stiere aber waren nicht rechtzeitig vom Felde zur Stelle. Die Zeit drängte. Da traten die jungen Männer selbst unter das Joch und zogen den Wa-gen, in dem ihre Mutter saß. Sie liefen 45 Stadien weit und kamen zum Tempel. Nach dieser Tat, die das ganze versam-melte Volk gesehen hatte, wurde ihnen der schönste Tod zuteil. An ihnen offen-barte Gott, daß der Tod für den Men-schen besser sei als das Leben. Die um-stehende Menge der Argeier lobte die Kraft der jungen Männer. Die Frauen

*aus Argos aber priesen ihre Mutter, daß
sie solche Kinder geboren habe. Hoch-
erfreut über die Tat und den Ruhm ihrer
Söhne, trat die Mutter vor das Götterbild
und betete, die Göttin möge ihren Kin-
dern Kleobis und Biton, die ihre Mutter
so hoch geehrt hätten, das Schönste ver-
leihen, was ein Mensch erlangen kann.*

*Als sie nach diesem Gebet geopfert und
am Mahl teilgenommen hatten, schliefen
die Jünglinge unmittelbar im Tempelbe-
zirk ein und wachten nicht mehr auf. Sie
fanden dieses Ende. Die Argeier ließen
Standbilder von ihnen machen und stellten sie in Delphi auf als Bilder edler und
wackerer Männer.»* [111]

Die unvergessenen Helden der Spiele

Milon von Kroton

Er war einer der berühmtesten Ringkämpfer
in der zweiten Hälfte des 6. Jhs. v. Chr. Er
gewann sechsmal in Olympia, siebenmal in
Delphi, neunmal in Nemea und zehnmal
in Isthmia. Die Legende beschreibt ihn als
Superman der Antike. Milon war so dick,
dass Athenaios schreibt:

*Milon aus Kroton aß, wie Theodoros aus
Hierapolis in seinem Werk «Über Wettkämpfe» bemerkt, zwanzig Minen Fleisch
sowie ebensoviel Brot und trank drei
Kannen Wein. In Olympia schulterte er
einen vier Jahre alten Stier, trug diesen
durch das Stadion, zerteilte ihn danach
und aß ihn an einem einzigen Tag allein
auf.* [112]

Es war unmöglich, den Athleten Milon von
der Stelle zu bewegen, wenn er stand. Wenn er
einen Granatapfel in der Hand hielt, konnte
keiner diesen wegnehmen oder auch nur einen seiner Finger bewegen. [113]

In der Auseinandersetzung zwischen Kroton und Sybaris setzte er sich an die Spitze
seiner Leute, bedeckt mit einem Löwenfell
und eine Keule schwingend. Die Sybariten
traten den Rückzug an und ließen viele Tote
zurück. Dadurch wurde er zu einem Helden
in der regionalen Geschichte.

Ein anderes Ereignis berichtet Strabon: [114]

*Man sagt, als einst in dem Speisesaale
der Philosophen (Pythagoräer) eine
Säule wankte, Milo sich untergestellt und
alle gerettet habe, aber auch selbst noch
[glücklich] entkommen sei.*

Dameas fertigte für ihn eine Statue in Olympia an, und auf seiner Basis stand ein Epigramm des Simonides:

*Dies ist des schönen Milon schönes
Standbild, der einst in Pisa
sechsmal gesiegt und dabei nicht in die
Knie gesunken.* [115]

Sein legendäres Leben nahm jedoch ein tra-
gisches Ende. In einem Wald sah er einmal
einen alten Baumstamm, in dem Keile steckten. Diese fielen heraus, als er seine Hände
hineinsteckte, er war gefangen und wurde
eine Beute der Wölfe. [116]

Astylos aus Kroton

Er war der letzte Läufer aus Kroton, der in der
ersten Hälfte des 5. Jhs. v. Chr. bei den Olympischen Spielen wohl fünfmal hintereinander
siegte, aber zuletzt kämpfte er noch zweimal
für Syrakus. Deshalb erzürnt zerstörten die
Krotoniaten seine Statue im Heiligtum der
Hera Lakinia und verwandelten sein Haus in
ein Gefängnis. So gewann der Verbannte zwar
Ruhm, verlor aber die Eltern, die Anhänger
und die Freunde. [117]

Theogenes von Thasos

Der Sohn des Timoxenos (zweite Hälfte 5. Jh.
v. Chr.) blieb im Faustkampf und Pankration
22 Jahre lang unbesiegt und erreichte damit
den Rekord von ca. 1400 Kränzen. Die Thasier errichteten ihm eine Statue auf der Agora
seiner Heimatstadt. [118]

Zusammen mit Milon wurde er für den
stärksten Mann der Welt nach Herakles gehalten. Man sagt, dass er schon als Neunjäh-

riger die Bronzestatue eines Gottes auf seinen Schultern nach Hause getragen habe. In Phthia, der Heimat des Achilleus, beschloss er, im Dolichos anzutreten und siegte, weil er dem schnellfüßigen Achilleus nacheifern wollte.

Als Pausanias die Statue des Theogenes in der Altis von Olympia neben denen der ma-

kedonischen Herrscher sah, berichtet er, dass seine zahlreichen Siege noch nach seinem Tod Neid erzeugten:

Wie er aus dem Leben geschieden war, trat ein Mann, der ihm im Leben besonders verhaßt gewesen war, jede Nacht an die Statue des Theogenes und peitschte die Bronze, um damit Theogenes selbst zu mißhandeln. Aber die Statue fiel auf ihn und machte dadurch seinem Frevel ein Ende, und die Söhne des Toten strengten gegen die Statue eine Klage auf Mord an. Die Thasier versenkten die Statue ... Dann kam eine Dürre, die Thasier schicken zweimal Gesandte nach Delphi zum Orakel. Die zweite Antwort der Pythia lautete: «Euren großen unvergeßlichen Theogenes ließet ihr beiseite».[119]

Zum Glück fanden die Fischer die Statue mit ihren Netzen und stellten sie wieder auf. Seitdem verehrten die Thasier ihn wie einen Heilgott, sie *bringen ihm Opfer wie einem Gott*.[120]

Diagoras von Rhodos

Er lebte im 5. Jh. v. Chr. und war ein Enkel des Damagetos, des Königs von Ialysos (Abb. 111). Nach den antiken Quellen war er der beste Faustkämpfer. Er siegte bei allen vier Panhellenischen Spielen, aber den berühmtesten Sieg errang er bei den Olympischen Spielen 464 v. Chr., für den Pindar die 7. Olympische Ode gedichtet hat. Die Bürger von Rhodos setzten sie in goldenen Buchstaben in den Tempel der Athena Lindia.[121]

Er wurde von seinen Zeitgenossen geschätzt, die ihn wegen seines Faustkampfes als anständig bezeichneten, aber auch wegen seines vornehmen, bescheidenen und keineswegs aufsässigen Charakters. Er stammte aus einer Familie rhodischer Athleten (alle Olympioniken), die mit ihren Statuen in Olympia vertreten waren: der Vater Diagoras, ein Werk des Kallikles aus Megara, und die Söhne Damagetos (Pankration), Akousilaos (Faustkampf) und als jüngster Dorieus, der dreimal Sieger im Pankration in Olympia, achtmal bei den Isthmischen, siebenmal bei den Nemeischen und einmal bei den Pythischen Spielen war.[122]

Abb. 111
Diagoras getragen von seinen Söhnen Damagetos und Akousilaos, moderne Skulpturengruppe, 2004, Rhodos-Stadt.

Nach Aulus Gellius starb Diagoras 448 v. Chr. während der 83. Olympischen Spiele:

Diese drei Söhne zusammen sah der Vater zu Olympia an einem und demselben Tage sieggekrönt, und als ihn nun daselbst die drei Jünglinge umschlungen hielten, mit ihren Siegeskränzen sein väterliches Haupt schmückten, ihn mit Küssen bedeckten, und als zugleich das Volk unter freudigem Jubelruf und Glückwunsch von allen Seiten Blumen über ihn ausstreute, da hauchte der überglückliche Vater seine Seele aus, ebendaselbst im Kampfplatz vor den Augen des Volkes und unter den Küssen und Umarmungen seiner Söhne.[123]

Cicero überliefert noch den Satz eines Spartaners, der

... zu dem alten Mann hinging, gratulierte und sagte: «Stirb, Diagoras; denn in den Himmel wirst du nicht aufsteigen können».[124]

Das Grab des Diagoras wurde möglicherweise 2018 in der Nähe der türkischen Stadt Marmaris entdeckt: ein Mausoleum mit einem pyramidenförmigen Aufbau und einer Inschrift:

Ich werde oben wachsam sein, damit kein Feigling kommen und dieses Grab zerstören kann.

Bis 1970 galt das Gebäude als das Grab eines Heiligen und wurde von den Einheimischen besucht, die Antworten auf ihre Gebete erhofften, aber als sie feststellten, dass es kein heiliger Ort war, wurde das Gebäude geplündert (Abb. 112).[125]

Poulydamas aus Skotoussa

Er war ein Pankratiast von immenser Größe und außerordentlicher Stärke und siegte 408 v. Chr. bei den 93. Olympischen Spielen. Pausanias erzählt unglaubliche Geschichten von ihm. Er habe mit bloßen Händen einen riesigen Löwen am Olymp getötet, weil er unbedingt dem Herakles nacheifern wollte.

Auch hielt er einen Wagen in voller Fahrt an und packte einen wütenden Stier an den Hinterbeinen.[126]

Sein Ruhm erreichte auch Dareios, den König von Persien, der ihn durch Versprechungen von Geschenken nach Susa holte. Er tötete hier drei Angehörige der Garde des Königs, die Unsterblichen, die zusammen gegen ihn antraten.[127]

Am Ende aber bewahrte ihn seine Kraft nicht vor dem Tod. An einem Sommertag ruhte er gerade mit Freunden in einer Höhle, als die Decke herabzufallen begann. Poulydamas streckte die Arme zur Decke und versuchte sie zu stützen. Die Freunde kamen unbeschadet davon, aber Poulydamas starb unter den herabstürzenden Massen — so erfüllte sich sein Geschick.

Pausanias berichtet, er habe in Olympia die Darstellung einiger dieser Taten auf

Abb. 112
Grab des Diagoras,
bei Marmaris (Türkei).

Abb. 113
Poulydamas bei Dareios,
reliefierte Basis der Statue
des Poulydamas, Marmor,
2. Hälfte 4. Jh. v. Chr.,
Olympia, Archäologisches
Museum L 45.

der reliefierten Basis einer Bronzestatue des Poulydamas gesehen. Die Statue war ein Werk des Bildhauers Lysippos, aber nur die Basis wurde in Olympia gefunden und bestätigt die Erzählung des Periegeten: Tatsächlich sind darauf der Kampf mit dem Löwen und der Kampf mit den Soldaten der Wache in Gegenwart des Dareios zu sehen (Abb. 113). Die Ehrenstatue wurde lange nach seinem Sieg errichtet, wahrscheinlich zwischen dem Ende des Heiligen Krieges (338 v. Chr.) und 321 v. Chr. (Datum der Zerstörung von Skotoussa).[128]

Leonidas von Rhodos

Leonidas (2. Jh. v. Chr.) war ein unerreichbarer Läufer, schnell wie die Götter. Er wurde von seinen Mitbürgern wie ein Gott verehrt, weil er im Alter von 36 Jahren schon bei vier Olympischen Spielen je drei Siege, also 12 Kränze errungen hatte.[129] Dies ist ein Rekord, der erst 2016 übertroffen worden ist.[130]

Polites aus Keramos in Karien

Bei den 212. Olympischen Spielen 69 n. Chr. siegte er am selben Morgen im Stadionlauf, im Diaulos und im Dolichos, was in etwa dem heutigen Sprint, der Mittelstrecke und der Langstrecke entspricht. Diese Leistungen erforderten eine enorme Disziplin, ein inten-

sives Training, einen geregelten Lebenswandel und eine strenge Diät.[131]

Melankomas aus Karien

Der Faustkämpfer stammte aus Karien in der heutigen Türkei, siegte einmal in Olympia 49 n. Chr. und erlangte noch zahllose weitere Siege in ganz Griechenland. Sein gleichnamiger Sohn siegte bei den Pythia und starb 74 n. Chr. bei den Vorbereitungen für die Sebasta Isolympia in Neapel.[132] Er wurde von seinen Zeitgenossen für seinen dynamischen Stil gepriesen, der sich total von dem statischen und frontalen des Diagoras unterschied. Er war in der Tat agil und schnell und deshalb nicht zu treffen. Der Gegner hatte schließlich weder die Geduld noch die Kontrolle über seine Schläge und verlor total erschöpft.[133]

Herodoros aus Megara

Wir wollen schließen mit einem Salpisten: Herodoros aus Megara (4.–3. Jh. v. Chr.). Salpisten wurden auch durch einem Wettkampf ermittelt. Der berühmteste war Herodoros, der zehnmal im Verlauf von 40 Jahren (328–292 v. Chr.) gesiegt hatte. Er war mit einer Größe von 2 m von gewaltiger Statur, hatte deshalb auch sehr große Lungen und war imstande, sieben Kilo Brot und sieben Kilo Fleisch zu verspeisen sowie sechs Liter Wein zu trinken.[134]

Die Athleten in Dichtung und Kunst

Die Athleten in der Dichtung

Der Mensch, wohl wissend, dass er nicht ewig lebt, war schon immer von der Sehnsucht gepackt, sich die Erinnerung der Nachfahren zu sichern. Ein Verrückter wie Herostratos zündete 356 v. Chr. den Tempel der Artemis in Ephesos an. Die Athleten der Olympischen Spiele dagegen erreichten das mit dem Sieg, der ihnen Hymnen der Dichter und eine Statue mit Widmung sicherte. Eine Statue scheint zwar prachtvoller zu sein, aber in der Realität erzielten die Hymnen eine größere Verbreitung und viele sind sogar bis heute erhalten, die Statuen jedoch nicht. So hat es auch der Dichter Simonides von Keos (556–468 v. Chr.) vorausgesagt, der Marmor würde zerbrechen und Bronze wiederverwendet, aber die Gedichte würden bleiben.[135]

Tatsächlich sind mindestens 60 Oden aus dem 5. Jh. v. Chr. erhalten geblieben, die meisten haben Pindar und Bakchylides geschrieben, aber auch Simonides (Abb. 114).

Dazu eine Anekdote: Pytheas aus Aigina gewann 485 v. Chr. das Pankration bei den Nemeischen Spielen. Die Familie beauftragte

Abb. 114
Pindar (?) mit Kithara.
Wandmalerei aus Pompeji
(Villa Imperiale),
1. Jh. n. Chr., *in situ*.

den lyrischen Dichter Pindar aus Theben, ein Epinikion zu schreiben. Auf die Lohnforderung von 3000 Drachmen erwiderten die Familienmitglieder, für diese Summe würden sie lieber eine Bronzestatue anfertigen lassen, aber dann änderten sie doch ihre Meinung. So schreibt Pindar am Anfang der 5. Nemeischen Ode:

Nicht Statuenbildner bin ich,
daß ich zum Ruhen bestimmte
Bildwerke schaffen könnte,
die auf ihrem Sockel
stehen; vielmehr auf jedem
Lastschiff und Boot, süßes Lied
schreite aus Aigina fort und verkünde,
daß Lampons Sohn Pytheas weitkräftig
errang zu Nemea im Allkampf den
Siegeskranz.[136]

Wie diese Anekdote zeigt, sind die Dichter bezahlt worden. Offenbar versammelten sich die Sieger, nachdem sie nach Hause zurückgekehrt waren und ein Opfer in einem Heiligtum dargebracht hatten, mit ihren Eltern, Freunden und Mitbürgern, und alle sangen im Chor eben diese Dichtungen zum Klang der Auloi und Lyra.[137]

Die siebte Olympische Ode des Pindar, in der er auch die mythische Entstehung von Rhodos erzählt, ist 464 v. Chr. für den berühmten Faustkämpfer Diagoras von Rhodos gedichtet worden und wurde von seiner Heimatstadt in goldenen Buchstaben in eine Platte eingelassen und in den Tempel der Athena Lindia geweiht.[138]

Die Griechen waren sich der Macht des Wortes bewusst. Nachdem Zeus die Titanen besiegt und die Welt geordnet hatte, heiratete er Hera. Die Götter baten ihn, weitere Gottheiten zu schaffen, die die Taten des Zeus für die Nachwelt besingen könnten. So erschuf er die Musen, die nicht zufällig die Töchter der Mnemosyne (Erinnerung) sind.[139] Übrigens, wer hätte ohne die *Ilias* des Homer jemals etwas erfahren von der außerordentlichen Schönheit der Helena, die zehn Jahre Krieg zur Folge hatte. Oder hätte Heinrich Schliemann jemals Troia finden können?

Die Athleten im antiken Griechenland stammten meistens aus aristokratischen Kreisen, wie etwa Kylon von Athen, Hieron von Syrakus, Theron von Akragas (Agrigent) und Arkesilaos, der als König von Kyrene 462 v. Chr. in Delphi siegte. Auch der Feldherr und Politiker Alkibiades aus der vornehmen Familie der Alkmaioniden soll an den Olympischen Spielen 416 v. Chr. mit sieben Wagen teilgenommen und neben dem Sieg auch den 2. und 4. Platz erreicht haben.

Eine feine absteigende Linie verbindet Götter, Heroen, Olympioniken, Aristokraten, und die letzteren mussten sich als schön und gut (*kalos kai agathos*) beweisen. Diese Sehnsucht nach Unsterblichkeit muss bei den Griechen sehr ausgeprägt gewesen sein.[140]

Im Jahre 446 v. Chr. rezitierte der bereits siebzigjährige Pindar mit der Lyra das Epinikion für den Sieg des Aristomenes aus Aigina:

Eintagswesen! Was ist ein Jemand?
Was ein Niemand? Schattens
Traum der Mensch! Aber wenn Glanz
gottgegeben kommt,
ist strahlendes Licht auf den Männern
und versöhnt das Leben.[141]

Die Athleten in der Kunst

Der größte Teil der griechischen Kunstwerke, die erhalten geblieben sind, stellen entweder Götter oder Athleten dar. Offensichtlich spielte in keiner anderen antiken Zivilisation der Sport eine so wichtige Rolle wie in der griechischen. Allein in der attischen Keramik gibt es mindestens 1571 Darstellungen von sportlichen Ereignissen, ohne die Agone mit Pferden einzubeziehen. Pausanias, der im 2. Jh. n. Chr. Olympia besuchte, zählte mindestens 230 Statuen von Athleten auf. Dennoch hatten nur die Sieger die Berechtigung für eine Statue, die oft von der Heimatstadt in ein Heiligtum geweiht wurde. Pausanias fügt noch hinzu, dass die ersten Athletenstatuen in Olympia die des

Praxidamas aus Aigina aus Zypressenholz, 544 v. Chr. Sieger im Faustkampf, und die des Rhexibios aus Opous aus dem Holz des Feigenbaumes, 536 v. Chr. Sieger im Pankration, hergestellt waren.[142]

Beinahe alle Statuen zeigten den nackten Körper, so wie die Athleten auch nackt (*gymnos*) kämpften und im Gymnasion trainierten, das später auch Palaistra genannt wurde. Wie Auguste Rodin unbekleidete Athleten zeichnete, die er durch den Garten seiner Villa in Paris laufen ließ, um den Eindruck des Körpers in Bewegung zu studieren, genauso konnten auch die griechischen Künstler umfangreiche Anregungen in den Gymnasien gewinnen. Die Götter wurden im perfekten Körper der Athleten dargestellt und diese erhielten von den Göttern ihren idealen Charakter.[143]

Eine griechische Bronzestatuette aus dem 6. Jh. v. Chr., ehemals im Antikenmuseum in Berlin, wurde von einem gewissen Deinagores auf Naxos dem Apollon geweiht. Sie hält in der rechten Hand einen Granatapfel.[144] Bei den archaischen Statuen ist es oft schwierig, zwischen Göttern und Menschen zu unterscheiden, wenn die eindeutigen Attribute fehlen. So wissen wir bis heute nicht, ob die berühmten Kouroi, wie der von Kap Sunion, Jünglinge oder Götter darstellen (vgl. Abb. 110).[145]

Eine der ältesten erhaltenen Athletenstatuen ist vielleicht der Reiter Rampin[146] aus der Mitte des 6. Jhs. v. Chr. von der Athener Akropolis (Abb. 115). Die Blätter seines Kranzes sind nicht sicher zu identifizieren, wären es Eichenblätter, würden sie auf einen Sieg bei den Pythischen Spielen in Delphi hinweisen, wären sie aber aus Sellerie, auf einen Sieg bei den Nemeischen oder Isthmischen Spielen. Derselbe Bildhauer hat wahrscheinlich auch die Grabstele eines jungen Mannes angefertigt, einen Sieger im Diskoswurf, der einen Diskos trägt (Diskophoros; Abb. 116).

Offensichtlich wollte er den jungen Mann unsterblich machen und stellte ihn im Augenblick des höchsten Ruhmes dar.

Ein sinnbildlich gewordenes Werk ist der Diskoswerfer des Myron, dessen schönste Kopie im Museo Nazionale Romano (Pa-

Abb. 115 Sog. Reiter Rampin, Kopf ergänzt nach dem Original Paris, Louvre (Ma 3104), um 550 v. Chr., Athen, Akropolis Museum Akr 590.

Abb. 116 Sog. Diskophoros vom Dipylon, Fragment einer Stele, um 560 v. Chr., Marmor, Athen, Akropolismuseum 38.

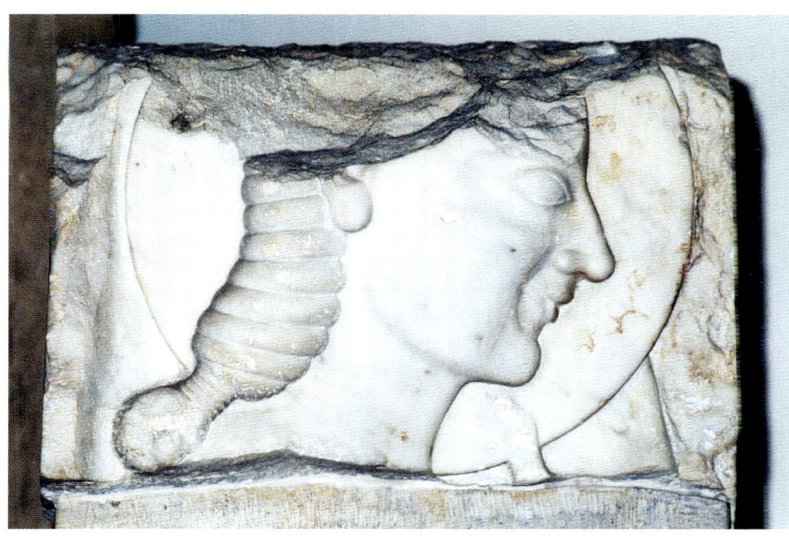

lazzo Massimo alle Terme) aufbewahrt wird. Der Athlet ist im Moment der größten Drehung und unmittelbar vor dem Abwurf dargestellt (vgl. Abb. 13). Das Werk wurde von Hitler so geliebt, dass es zum Emblem der Olympischen Spiele 1936 in Berlin wurde (s. Einleitung).

Wenig ist von der großen Produktion von Bronzestatuen in Griechenland erhalten geblieben, da sie zum großen Teil im 16. und 17. Jh. in den türkisch-venezianischen Auseinandersetzungen zu Kanonenkugeln eingeschmolzen wurden.[147] Zum Glück hat ein Erdrutsch eines dieser Meisterwerke gerettet, den Wagenlenker von Delphi (Abb. 117). Die-

ser stellt den Sieger auf seinem Viergespann auf der Triumphfahrt dar. Polyzalos, der Tyrann von Gela auf Sizilien, gab die Bronzegruppe in Auftrag, da er seine Pferde an den Pythischen Spielen 474 v. Chr. laufen ließ.[148]

Der Doryphoros des Polyklet von Argos von 440 v. Chr., dessen schönste Kopie aus der Palaistra von Pompeji stammt, war in der Antike sehr bekannt, weil er seinem Kanon entsprach, einer Schrift über die perfekten Proportionen (vgl. Abb. 12).[149] Auch wenn kürzlich vorgeschlagen wurde, dass es sich nicht um einen Athleten, sondern um Theseus[150] handelt, ist dennoch offensichtlich, dass der Künstler sich von den Körpern der

Abb. 117 Wagenlenker von Delphi, Bronze, um 478 v. Chr., Delphi, Archäologisches Museum 3484.

Abb. 118
Agias des Daochos-Weihgeschenkes, Statue des Lysippos, 2. Hälfte 4. Jh. v. Chr., Marmor, Delphi, Archäologisches Museum 1875.

im Gymnasion trainierenden jungen Männer inspirieren ließ.

In Delphi stellte Daochos II., von 338 bis 334 v. Chr. Repräsentant der delphischen Amphiktyonie, neun Statuen seiner Familie und vielleicht eine des Apollon im Schatzhaus der Thessalier auf, möglicherweise Werke des Lysippos.[151] Eine der besser erhaltenen Statuen stellt seinen Großvater Agias dar, der ein bekannter Athlet in der Mitte des 5. Jhs. v. Chr. war, Sieger im Pankration bei den Olympischen Spielen, fünfmal Sieger bei den Nemeischen, dreimal bei den Pythischen und fünfmal bei den Isthmischen Spielen (Abb. 118).

Im 4. Jh. v. Chr. verloren die Statuen immer mehr ihre idealen Züge zugunsten realer körperlicher Darstellung, wie im Fall eines Bronzekopfes, der möglicherweise der Statue des Faustkämpfers zugeordnet werden kann, die der Athener Bronzegießer Silanion 330 v. Chr. anfertigte (Abb. 119). Auf die gleiche Art ist der junge Jockey vom Kap Artemision dargestellt, von dessen atemlosem und angespanntem Gesicht sogar der Schweiß zu rinnen scheint (Abb. 120).

Wir schließen unsere Betrachtung mit dem berühmten Faustkämpfer im Museo Nazionale Romano (Palazzo Massimo alle Terme), der — wenn nicht gar ein Werk des Lysippos selbst — vielleicht ein Werk des Atheners

Abb. 119
Porträt eines Faustkämpfers des Silanion, Bronze, 4. Jh. v. Chr., Athen, Archäologisches Nationalmuseum X 6439.

Apollonios aus der Mitte des 1. Jhs. v. Chr. ist (vgl. Abb. 6).[152] Er sitzt erschöpft da, aus zahlreichen tiefen Wunden fließt das Blut; er scheint von den vielen Schlägen benommen zu sein, aber er wendet seinen Kopf, weil er in der Ferne die Trompeten zu hören glaubt, die seinen Sieg verkünden.

Heutzutage gibt die Kunst nicht mehr siegreiche Athleten als ruhmreiche Idealmodelle wieder, sondern — gleichsam fotografisch — in aller Anstrengung, ihrer Qual und daher in ihrer Menschlichkeit.

Abb. 120
Sog. Jockey vom Kap Artemision, Bronze, 2. Jh. v. Chr., Athen, Archäologisches Nationalmuseum 15177.

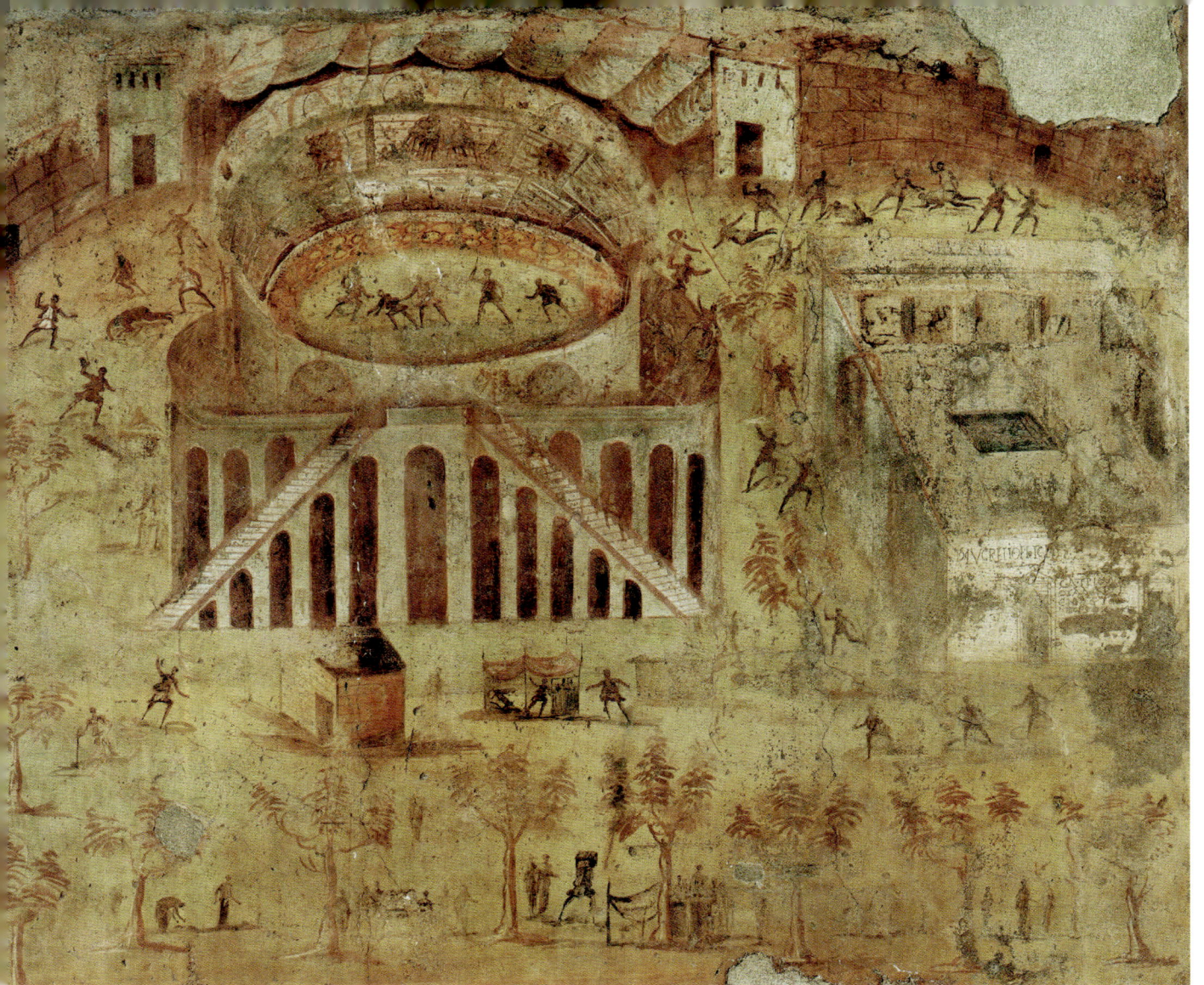

Der Sport in hellenistischer und römischer Zeit

Am Ende des 4. Jhs. v. Chr. eroberte Alexander der Große aus dem kleinen Land Makedonien die antike Welt bis Indien und Ägypten. Das fundamentale und verbindende Element dieses großen Reiches, das später in viele Königreiche zerfiel, war die griechische bzw. die hellenische Sprache, weshalb die folgenden drei Jahrhunderte als hellenistische Epoche bezeichnet werden (vgl. Abb. 3). Seit dieser Zeit wurden überall zahlreiche Gymnasien, die Gebäude für die körperliche und geistige Ausbildung der jungen Männer, sowohl in den Hauptstädten als auch in den kleinen Städten gebaut.

Die bedeutendste Veränderung im Sport war im Hellenismus die Zulassung von professionellen Sportlern. Griechenland war seit der römischen Eroberung 146 v. Chr. verarmt und trotz des daraus resultierenden Niedergangs blieb das Ideal des Athletentums in den Gymnasien lebendig.

Es gab aber auch einige römische philhellenische Kaiser, Philosophenkaiser genannt, wie Hadrianus und Antoninus Pius, die versuchten, die antiken olympischen Ideale wiederzubeleben, aber ohne großen Erfolg. In der Tat liebten die Römer, besonders die Legionäre, die blutigen Spiele im Circus mehr als die altehrwürdigen athletischen Spiele in den Stadien (Abb. 121. 124).

Die hellenistische Zeit

Während des Hellenismus wurden die neuen Gebäude wie Gymnasien, Stadien und Palaistren nicht nur durch die blühende Wirtschaft gefördert (die Märkte waren global geworden), sondern auch durch die hohe Reputation der Panhellenischen und besonders der Olympischen Spiele, die die königlichen Erben Alexanders, d. h. die Diadochen, mit ihrem Namen verbinden wollten.

Sie beabsichtigten mit ihrer Politik, neue Spitzensportler auszubilden und sie zu den Wettbewerben zu schicken, damit ihre eigenen Reiche Ruhm und Bedeutung gewinnen würden. Sie investierten ungeheure Summen in die neuen Einrichtungen, sowohl in neue Gebäude als auch in neue Spiele.

So kamen zu den traditionellen Spielen — den Olympischen, Pythischen, Nemeischen und Isthmischen — mindestens 19 neue mit ebenfalls panhellenischem Charakter hinzu, die innerhalb der vierjährigen Olympiade

stattfanden: die Ptolemaia in Alexandria, die Leukophryena in Magnesia am Maiandros, die Nikephoria in Pergamon, die Eumenaia in Sardes, die Asklepieia in Kos, die Erodieia in Thespiai, die Herakleia in Chalkis, die Eleusinia in Eleusis — um nur die bedeutendsten zu nennen.

Die Leukophryena wurden beispielsweise nach dem Vorbild der Pythischen Spiele in Delphi durchgeführt und deshalb Isopythische genannt. Sie umfassten musische, gymnische und hippische Agone und zogen unzählige Besucher aus der ganzen griechischen Welt an.

Nichts blieb übrig von der Würde und Nüchternheit der traditionellen griechischen Spiele, die ausschließlich mit religiösen Riten verbunden gewesen waren. Alles war nun eher ein weltliches Spektakel mit großer Vergeudung von Geldmitteln, vergleichbar mit der Eröffnungsfeier der Olympischen Spiele in Los Angeles oder in Peking.

Die Gymnasien

Die hellenistischen Herrscher wollten hauptsächlich nationale Mannschaften professioneller Athleten ausbilden. Milet hatte beispielsweise eine bekannte Schule für Ringkämpfer. Für die Ausbildung von Berufssportlern warben die Gymnasien und Palaistren Jungen (und vielleicht auch Mädchen) ab acht Jahren an, während die 14- bis 18-jährigen die Ausbildung unter der Leitung älterer Athleten, den Gymnasiarchen, fortsetzten.

Die Gymnasien hatten auch eine gesellschaftspolitische Funktion. In der Tat wurden in den hellenistischen Königreichen im Nahen Osten auch die griechische Sprache und Kultur gelehrt, um den jungen Leuten ihre eigene Identität zu bewahren, eine Identität, die ihnen später erlauben sollte, als Erwach-

sene die eigene persönliche Überlegenheit gegenüber unterlegenen Völkern auszuüben.

Tatsächlich befinden sich in den Gymnasien zahlreiche ausschließlich zur intellektuellen Ausbildung vorgesehene Einrichtungen wie Odeion, Auditorium und Bibliothek. Das bedeutete keinesfalls die Verringerung der athletischen Übungen, wie viele Inschriften bestätigen.

Zu einem Gymnasion gehörten: die Palaistra für den Faustkampf mit dem Korykeion, ein Raum, in dem der Boxsack (*korykos*) aufgehängt war, die Absperrungen für den Ringkampf, eine überdachte Laufbahn (ξυστός) und eine offene Laufbahn für den Wettlauf und den Weitsprung, ein Platz für den Diskos- und Speerwurf; außerdem das

Salbzimmer (*elaiothesion*) für Massagen mit parfümierten Ölen, der Staubplatz (*konisterion*) zum Bestreuen mit Sand sowie die Bäder (*loutra*) zum Reinigen. Hier verbrachten die Jugendlichen den größten Teil des Tages unter Aufsicht der älteren Betreuer und Lehrer.

Der Verantwortliche für die athletische Ausbildung der Jugendlichen war der Knabentrainer (*paidotribes*), unterstützt von zahlreichen Assistenten, die in einzelnen Disziplinen wie Bogenschießen, Speerwurf und anderen Kämpfen erfahren waren. Es entstanden auch Athletenverbände, wie die xystische Synode (σύνοδος), gut organisiert und sogar mit technischer und administrativer Ausstattung.

Die professionellen Athleten

So könnten die besten Jugendlichen in den Gymnasien professionelle Sportler geworden sein. Die symbolischen Geschenke für die Olympioniken (Kranz und Palmzweig) verloren an Bedeutung und wurden von Unmengen Geld, Gütern und Privilegien abgelöst.

Die Geldpreise sind nunmehr das erste Ziel der Wettkämpfe, was insgesamt angesichts der Jahre harten Trainings, des Schlafmangels, der strengen Diäten und zuweilen weiterer kostenpflichtiger Ausbildung bei ebenfalls professionellen Trainern berechtigt scheint.

Der gesamte Einsatz für den Sport ist jetzt ein Beruf, der finanzielle Vorteile einbringt und das eigene Prestige zur Schau stellt.

Die römische Zeit

Die Römer eroberten 146 v. Chr. sowohl Griechenland als auch Karthago und wurden damit die absoluten Herren des Mittelmeerraumes. Das bedeutete für Griechenland den ökonomischen, sozialen und moralischen Zusammenbruch. Auch wenn die Römer die Olympischen Spiele aus politischen Erwägungen im Wissen um deren Ansehen nicht verhindern konnten, bedeutete dieses Datum dennoch eine radikale Veränderung der sportlichen Ideale.

Im Jahre 89 v. Chr. erhoben sich viele der unterworfenen Völker unter der Führung des Mithridates VI., König von Pontos am Schwarzen Meer, gegen die absolute Macht der Römer. Der spätere Diktator Sulla besiegte Athen im Jahre 86 v. Chr., plünderte Olympia und verlegte die Spiele nach Rom, wo die Athleten gezwungen wurden, die Wettkämpfe während der Feierlichkeiten seines Triumphes auszutragen.

Weitere Demütigungen mussten sie ca. 150 Jahre später unter der Herrschaft Neros ertragen.[153] Nur unter den philhellenischen Kaisern Hadrianus und Antoninus Pius, den sog. Philosophenkaisern, wurden die Spiele wieder aufgenommen und sogar neue hinzugefügt.

Die unterworfenen Städte führten Spiele zu Ehren der Kaiser ein, um ihnen zu schmeicheln, wie die Isolympia Sebasta in Neapel, die Hadrianea in Athen und andere ähnliche in Pergamon, Halikarnassos, Sardes usw. Alles war nun eher ein großartiges Spektakel, das die ursprüngliche religiöse Bedeutung in den Hintergrund drängte.

Seitdem die Römer die Gladiatorenspiele schätzten, bei denen viel Blut floss, wurden Ringkampf, Faustkampf und Pankration immer beliebter (Abb. 122). In Antiochia am Orontes, in Korinth und anderen Städten fügte man den gymnischen Agonen Wettbewerbe mit Waffen hinzu. Dies geschah sogar in dem berühmten Theater des Dionysos am Abhang der Akropolis in Athen, das eigentlich die Bühne der größten antiken Autoren war: Aischylos, Sophokles, Euripides, Aristophanes und Menandros.

Im östlichen Teil des Imperiums vermehrten sich die Athletenverbände der professi-

Abb. 122
Faustkämpfer, Mosaik
vermutlich aus Stabiae,
1. Jh. n. Chr., Neapel,
Archäologisches National-
museum 10010.

Abb. 123
Sog. Bikini-Mädchen, Mosaik,
Villa Romana del Casale
bei Piazza Armerina, 4. Jh.
n. Chr., *in situ*.

Abb. 124 *Pompa Circensis* mit Iunius Bassus (?) im Zweigespann und vier Reitern der vier Circusfraktionen, Paneel in *opus sectile* aus der Basilica des Iunius Bassus, 4. Jh. n. Chr., Rom, Nationalmuseum/Palazzo Massimo 353.

Abb. 125 Kaiser Iustinianus und sein Gefolge, Mosaik, 6. Jh. n. Chr., Ravenna, San Vitale.

onellen Wettkämpfer, oft schlossen sie sich Theatergruppen an und erhielten Zuschüsse aus den kaiserlichen Kassen. Eine dieser Vereinigungen war so reich und mächtig, dass sie von der Zeit des Hadrianus bis zur Spätantike ihren Verwaltungssitz in Rom und überall Filialen hatte — wahrhaft multinational.

Solche Vereinigungen, xystische Synode (ξυστικὴ σύνοδος) genannt — oft mit dem Zusatz *in der Welt umherreisend* (οἰκουμενικὴ περιπολιστικὴ) schickten ihre Mitglieder überallhin, sie freuten sich über ihre Fans und waren vielleicht auch an größeren Wettgeschäften beteiligt. Deren Funktionäre waren üblicherweise vormalige Profisportler, ihr Präsident ein eponymer Priester.[154] Offensichtlich

waren jetzt nicht mehr Zeus oder Apollon die Schirmherren, sondern wohl Herakles, denn es gibt tatsächlich einen Hinweis auf eine heilige xystische Synode des Herakles.

Der Wiederaufschwung der Olympischen Spiele in römischer Zeit begann und endete in Olympia. Die letzte Siegerliste nennt Athleten aus fernen Regionen, aus Illyrien, Kappadokien, Assyrien usw., die nicht die Ideale ihrer Vorgänger besaßen, sondern sich selbst als den Gipfel des Menschengeschlechts, als die Ersten und Einzigen oder die Unschlagbaren bezeichneten. Olympia selbst wurde vom heiligen Ort zu einem Zentrum von Spektakeln, eine Art Las Vegas.

Das Ende der Spiele 393 n. Chr.

Schon seit dem Hellenismus haben die Agone allmählich ihren religiösen Charakter verloren zugunsten eines Spektakels, an dem professionelle Athleten teilnahmen. Tertullian schreibt zwar noch im 2. Jh. n. Chr., dass alle Spiele zu Ehren der heidnischen Götter gefeiert werden, fordert aber die Christen auf, sich von einem solchen Götzendienst fernzuhalten.[155] Ohne diesen ursprünglichen religiösen Hintergrund und nun verbunden mit dem Kommerz geriet der Berufssport immer mehr in die Kritik der Christen, die mit Constantinus (272–337 n. Chr.) mächtig wurden und die in den Spielen eine pagane Welt voller Gewalt und falscher Götter sahen.

Im 4. Jh. n. Chr. verbot Theodosius I. (347–395 n. Chr.) die pagane Religion und ließ die Tempel schließen: *Der große Pan ist tot*.[156] Wieviele auch noch dem alten Glauben

anhingen, sie werden nicht geglaubt haben, dass die antiken Götter tot sein könnten, sondern nur dass sie aus ihren eigenen Häusern vertrieben worden waren.[157] In der Folge wurden nach 393 n. Chr. auch die Olympischen Spiele verboten, die von den Christen wegen der brutalen Gewalt abgelehnt wurden.

Die letzten überlieferten Namen von Olympioniken sind Warazdat aus dem armenischen Königshaus, der 369 n. Chr. bei den 287. Olympischen Spielen im Faustkampf siegte[158] oder M. Aurelius Zopyros aus Athen, der 385 n. Chr. im Faustkampf gewann.[159] Olympische Spiele wurden allerdings noch im Orient — wie in Antiocheia am Orontes — bis 520 n. Chr. ausgetragen, bis Iustinianus sie verbot, der sich selbst in den kostbaren Mosaiken von San Vitale in Ravenna als stolzer Christ darstellen lässt (Abb. 125).[160]

Die Olympischen Spiele unter Augustus und Nero

Die Isolympischen Spiele in Neapel

Neapel war die einzige Stadt im Westen, die das Privileg hatte, die Italika zu Ehren der Roma und des Augustus zu feiern, die genauso wie die Olympischen Spiele penteterisch waren und daher isolympisch genannt wurden. Und dieses Privileg war nicht so sehr auf die persönliche Vorliebe des Kaisers oder auf Gründe der politischen Zweckmäßigkeit zurückzuführen, sondern auf sein intaktes Griechentum: Neapolis war immer noch griechisch in der Sprache, in den Institutionen, Kulten und Bräuchen des Lebens und konnte — trotz des allgemeinen Zerfalls des Hellenismus in Magna Graecia und Sizilien — am Anfang des Imperium Romanum als die Metropole des westlichen Hellenismus angesehen werden.[161]

In Neapel, das auch Tacitus als quasi griechische Stadt[162] bezeichnet, wurden im Jahre 2 n. Chr. die Italika Rhomaia Sebasta Isolympia (Ἰταλικὰ Ῥωμαῖα Σεβαστὰ ἰσολύμπια) zu Ehren der Roma und des Augustus eingerichtet. Dies geschah aus Dankbarkeit für seine Hilfe nach einem Erdbeben. Augustus war 14 n. Chr. — kurz vor seinem Tod in Nola — selbst anwesend, und möglicherweise später auch Kaiser Nero, um an den musischen Wettbewerben teilzunehmen.[163]

Ein monumentaler Tempel für den Kaiserkult und ein älteres Gymnasion sind heute zum Teil in der Metrostation Piazza Nicola Amore sichtbar. Von besonderer Bedeutung ist der Fund von Inschriften mit Siegerlisten.[164] Zu Beginn des 3. Jhs. n. Chr. wurde das Areal verlassen und später von Keramikwerkstätten genutzt.

Die Bezeichnung isolympisch (iso = gleich) leitet sich von der Ähnlichkeit mit den Olympischen Spielen ab: die gleichen Wettkampfarten und die gleiche regelmäßige Wiederholung, denn auch diese Spiele in Neapel wurden jedes fünfte Jahr (penteterisch) wieder durchgeführt. Anfangs wurden sie gleichzeitig mit den Olympischen Spielen Ende Juli / Anfang August veranstaltet. Wahrscheinlich sind sie nach

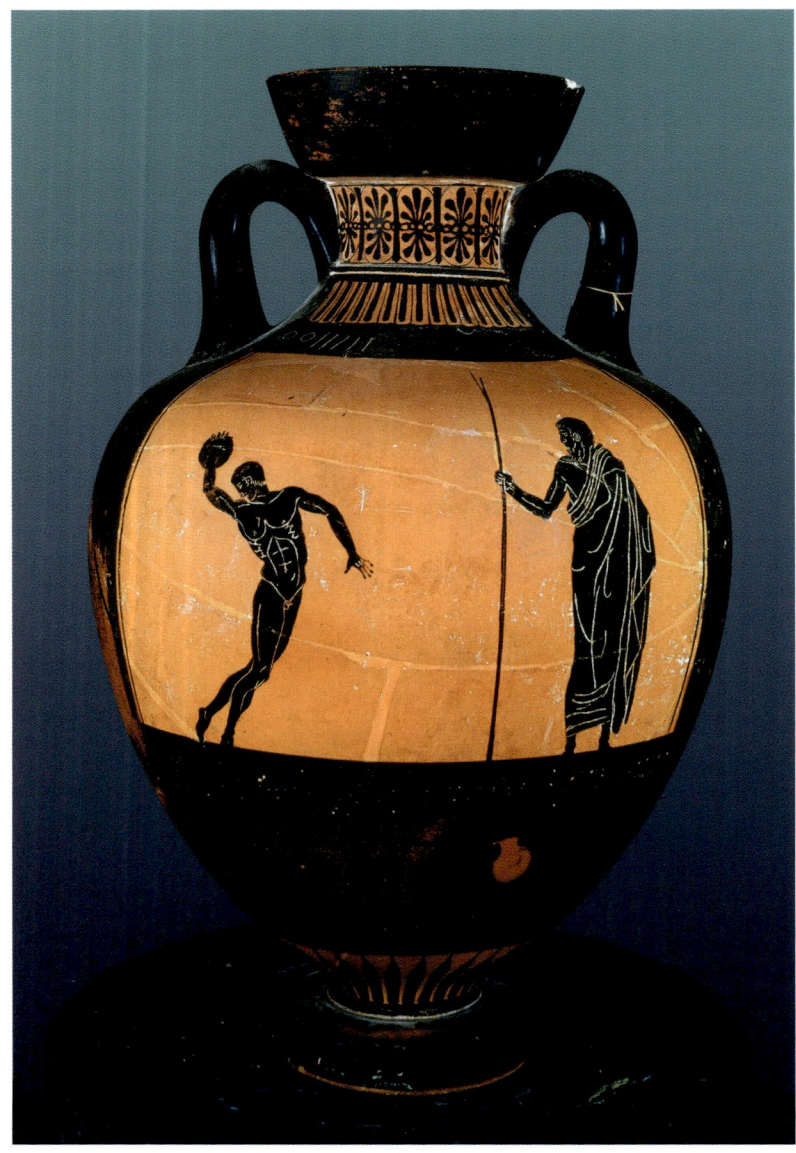

dem Tod des Augustus zum Gedenken an seinen Geburtstag am 23. September in das letzte Drittel des September verschoben worden.

Das Reglement ist dank einer Inschrift aus Olympia und weiterer aus Neapel rekonstruierbar.[165] Wie in Olympia gab es gymnische und hippische Agone. Unterschiede bestanden darin, dass bei einigen Wettkämpfen Frauen teilnehmen durften; außerdem gab es auch musische Agone.

Die Methoden der Registrierung waren kompliziert. Die Athleten *sollen sich in Neapolis spätestens 30 Tage vor dem Anfang der Feier melden, und bei der Registrierung sollen sie den Agonotheten das Patronymicum, die Mutterstadt, die gewünschte athletische Disziplin und die Altersgruppe bekanntgeben.*[166] Es gab drei Altersgruppen: Knaben von 12 bis 17 Jahren (*paides*), Jugendliche von 17 bis 20 Jahren (*ageneioi* = die Bartlosen) und Männer über 20 Jahre (*andres*).

Die Teilnehmer kamen auch aus Griechenland, Kleinasien und Ägypten. Die Kosten für den Aufenthalt wurden erstattet. Die Inschriften berichten auch von den Spenden seitens der Gymnasiarchen (γυμνασίαρχοι), aber die Unterbringung der Teilnehmer und Zuschauer wurde Privatleuten überlassen, die durch Vermietung von Zimmern, Zelten oder Eseln Geld verdienen wollten. Sie verkauften Proviant und kümmerten sich um die Unterhaltung der Menge in den Pausen zwischen den Wettkämpfen.

Die Abfolge der Wettkämpfe — zuerst die gymnischen, dann die hippischen und schließlich die musischen — lässt sich nach den zahlreichen Inschriften ungefähr rekonstruieren.[167]

Bei den athletischen Agonen gab es den Stadionlauf (ca. 200 m), den Diaulos (ca. 400 m), den Dolichos (ca. 1,5−5 km), den Fackellauf (vgl. Abb. 64 a.b. 96), den Lauf der Hopliten und Apobaten sowie Fünfkampf, Ringkampf, Faustkampf (vgl. Abb. 79) und Pankration. Im Stadion ist auch ein Wettlauf für die Töchter der Bouleuten (Ratsmitglieder) vorgesehen.

Bei den hippischen Agonen sind Rennen mit Fohlen sowie die Wagenrennen der Zwei und Viergespanne nachweisbar (Abb. 127).

Obwohl bei isolympischen Spielen eigentlich kein musisches Programm zu erwarten ist, gab es hier umfangreiche musische und szenische Agone. Zum Wettkampf traten an: Herolde, Trompeter, Kitharoden, Kitharisten, Auloi-Spieler, Dichter verschiedener Gattungen (wie z. B. Preislieder in Prosa oder Poesie zu Ehren der Kaiser oder der kaiserlichen Familie), außerdem Chöre, Schauspieler der Tragödien und Komödien und Pantomimen.

Am Ende überreichten die Agonotheten die Preise. Die Sieger der gymnischen und hippischen Spiele erhielten Ährenkränze. Die Teilnehmer der musischen Wettbewerbe bekamen Geldpreise bis zu 4000 Drachmen. Es waren aber auch Geldstrafen für Regelverletzer vorgesehen.

Die neapolitanischen isolympischen Spiele wurden bis Ende 3. / Anfang 4. Jh. n. Chr. durchgeführt, beachtenswert, wenn man bedenkt, dass die letzten Olympischen Spiele 393 n. Chr. stattfanden, dem Jahr, in dem Theodosius deren Ende bestimmte. Hierbei handelt es sich wirklich um eine Zeitenwende.

Abb. 127
Wagenrennen im Circus, Wandmalerei aus Pompeji (Casa delle Quadrighe), 62–79 n. Chr., Neapel, Archäologisches Nationalmuseum 9055.

ANHANG

Lysias: Der Anfang der Olympischen Rede

Lysias (um 445 – um 380 v. Chr.) war ein berühmter Redner und Logograph (Verfasser von Gerichtsreden), der in Athen lebte (Abb. 128). Im Jahr 388 v. Chr. trug er möglicherweise selbst seine Rede mit dem Titel

Abb. 128 Büste des Lysias aus der Villa dei Papiri in Herculaneum, römische Marmorkopie (1. Jh. v. Chr.) eines griechischen Originals des 4. Jhs. v. Chr., Neapel, Archäologisches Nationalmuseum 6130.

Olympiakos während der Olympischen Spiele vor. Diese Rede ist verloren, aber dank Dionysios von Halikarnassos[168] ist der Anfang überliefert. Aus dem Werk geht die Sehnsucht nach der Einigkeit der griechischen Städte hervor, symbolisiert durch die Olympischen Spiele, die in der Vergangenheit die Tyrannei der Perser fernhalten konnte und nun dasselbe gegen Dionysius I. von Syrakus tun sollte:

(1) Wegen vieler anderer großer Taten hat Herakles es verdient, dass man sich seiner erinnert, nicht zuletzt deswegen, ihr Männer, weil er in wohlwollender Gesinnung für Griechenland als erster diesen Wettkampf veranstaltet hat. Denn in der Zeit davor standen sich die einzelnen Stadtstaaten fremd gegenüber. (2) Nachdem Herakles aber die Tyrannen gestürzt und dem Treiben der Frevler ein Ende bereitet hatte, begründete er am schönsten Ort Griechenlands einen körperlichen Wettkampf, eine Zurschaustellung unseres Wohlergehens und unserer Geisteskraft. Zu diesem Zweck sollten wir alle als Zuschauer und Zuhörer dort zusammenkommen. Er erhoffte sich nämlich von dieser Versammlung den Beginn gegenseitiger Freundschaft unter den Griechen. (3) Das war seine Absicht. Ich aber bin nicht hierher gekommen, um über Kleinigkeiten zu reden oder mit Worten zu wetteifern.

[...], denn man sieht ja, wie Griechenland darniederliegt, viele Teile des Landes unter der Herrschaft von Fremden stehen und viele Städte von den Tyrannen zerstört sind. (4) Hätten wir dies aufgrund eigener Schwäche erlitten, so müssten wir es als unser Schicksal akzeptieren. Da es aber nur als Folge innerer Parteienkämpfe und gegenseitiger Rivalität so weit gekommen ist, warum sollten wir da nicht damit aufhören und ein Ende setzen? [...] (5) Wir sehen ja die großen Gefahren, die uns von allen Seiten bedrohen. [...] (6) Wir sollten deshalb den Krieg untereinander beenden und in einhelliger Meinung nach einer Rettung streben. [...] (7) Am meisten aber wundere ich mich über die Spartaner. Was empfinden sie, wenn sie mitansehen, wie Griechenland in Flammen steht? [...] (8) Nun wird die Zukunft keine bessere Gelegenheit bringen, als wir sie im Augenblick haben. Wir dürfen das Unglück derer, die zugrunde gegangen sind, nicht als etwas Fremdes ansehen, sondern müssen es als unser eigenes betrachten. Wir dürfen nicht warten, bis beider Macht gegen uns selbst vorrückt, sondern solange noch Zeit ist, müssen wir ihren Übermut zügeln. (9) Wer ist denn nicht empört, wenn er sieht, wie sie während unserer gegenseitigen Kämpfe groß geworden sind?[169]

Isokrates: Auszug aus dem Panegyrikos

Abb. 129 Sog. Isokrates mit Kopf vom Typ Homer-Sophokles aus der Villa dei Papiri in Herculaneum, 1. Jh. v. Chr., Neapel, Archäologisches Nationalmuseum 6162.

Isokrates (Athen 436–338 v. Chr.) war einer der größten Meister der Rhetorik (Abb. 129). Als Gründer und Leiter einer bedeutenden Schule bildete er zur Zeit Philipps II. von Makedonien eine neue Gruppe führender athenischer Persönlichkeiten aus, die expansionistische Ziele außerhalb Griechenlands im Sinn hatte.

Sein *Panegyrikos* von 380 v. Chr. ist eine wichtige politische Rede, die ein Jahrhundert nach den Perserkriegen und 25 Jahre nach dem Ende des Peloponnesischen Krieges entstanden ist. Isokrates war sich bewusst, inwieweit sich das gegenwärtige Athen von dem des goldenen Zeitalters des Perikles unterschied, als die Stadt ihre Vormachtstellung im Kampf zuerst gegen die Perser und dann gegen die Spartaner gezeigt hatte, und er sieht nostalgisch auf diese glorreiche Vergangenheit zurück.

Der Redner wünscht sich eine panhellenische Föderation zur Verteidigung Griechenlands gegen die Makedonier und weist darauf hin, dass die Olympischen Spiele eine ideale Gelegenheit seien, um das politisch-militärische Bündnis zwischen allen Poleis zu fordern. Insbesondere beschäftigt sich Isokrates mit dem olympischen Waffenstillstand und fordert die Griechen auf, seine symbolische Bedeu-

tung — abgesehen von dem territorialen und temporären Geltungsbereich – zu würdigen:

(179) Mit folgenden Worten glaube ich, noch klarer einerseits die Mißachtung, die uns widerfahren ist, und andererseits die Machtgier des Großkönigs zeigen zu können. Da die gesamte Erde unter der Sonne in zwei Teile geteilt ist, in den, der Asien heißt, und in den, der Europa heißt, hat sich der Perserkönig auf Grund des Vertrages die Hälfte genommen, als ob er sich die Welt mit Zeus geteilt, aber nicht mit Menschen einen Vertrag geschlossen hätte. (180) Er hat uns außerdem gezwungen, diesen Vertrag auf Marmorstelen einzumeißeln und in den allen Griechen gemeinsamen Heiligtümern aufzustellen, was für den Perserkönig ein viel ruhmreicheres Denkmal ist als die auf den Schlachtfeldern errichteten Siegeszeichen. Denn diese stehen für nicht so bedeutende Leistungen und für einen einzigen glücklichen Erfolg, der Vertrag aber steht für den gesamten Krieg und für ganz Griechenland. (181) Darüber müßte man sich empören, und man müßte darauf sinnen, wie wir uns für das widerfah-

rene Unrecht rächen können und wie wir in Zukunft richtig verfahren werden. Es wäre ja doch eine Schande, wenn wir es für richtig hielten, im privaten Bereich die Barbaren als Bedienstete zu Hause zu beschäftigen, öffentlich aber darüber hinwegzusehen, wie so viele unserer Bundesgenossen von den Barbaren geknechtet werden. Es wäre eine Schande, wenn einst die Menschen zur Zeit des Troianischen Krieges wegen des Raubes einer einzigen Frau alle zusammen so in Zorn gerieten für diejenigen, denen Unrecht geschehen war, daß sie erst dann zu kämpfen aufhörten, als sie die Polis dessen zerstört hatten, der dieses Verbrechen gewagt hatte, (182) während wir heute keinen gemeinsamen Feldzug unternehmen wollten, obwohl ganz Griechenland Unrecht geschieht und obwohl wir etwas erreichen

könnten, was einem frommen Wunsch gleicht. Allein dieser Krieg nämlich ist besser als ein Frieden, er wird mehr einer Festgesandtschaft als einem Kriegszug gleichen, er wird beiden Vorteile bringen: der Friedliebenden, die ohne Bedrohung ihren Besitz genießen können, ebenso wie den Kriegsbegeisterten, die sich großen Reichtum von den Feinden holen werden. (183) Bei genauerer Überlegung wird man wohl zu der Erkenntnis kommen, daß diese Unternehmungen in erster Linie uns von Nutzen sein werden, und zwar in vielfacher Hinsicht: Gegen wen muß man denn, wenn man nicht auf Machtzuwachs aus ist, sondern nur auf das Gerechte schaut, Krieg führen? Doch gegen solche Menschen, die auch schon früher Griechenland heimgesucht haben, es jetzt wieder bedrohen und uns die ganze Zeit über

feindlich gesinnt waren. (184) Gegen wen muß man denn seinen Groll richten, wenn man nicht völlig mutlos ist, sondern ein beträchtliches Maß an Tapferkeit besitzt? Doch gegen diejenigen Menschen, die sich mit einem Herrschaftsanspruch umgeben haben, der alles menschliche Maß übersteigt, obgleich sie weniger wert sind als die vom Schicksal vernachlässigten Menschen bei uns. Gegen wen muß man denn in den Krieg ziehen, wenn man zugleich die Götter ehren, aber auch den eigenen Vorteil nicht außer acht lassen will? Doch gegen solche Menschen, die natürliche Feinde – und zwar schon seit altersher – sind, die sehr viel Besitz angehäuft haben, aber am wenigsten in der Lage sind, für das Ihre zu kämpfen. Die Perser sind es doch, auf die all diese Punkte zutreffen.[170]

Der Baron de Coubertin und die Wiederbelebung der Olympischen Spiele

Der Baron Pierre de Coubertin (1. Januar 1863 in Paris – 2. September 1937 in Genf), ein französischer Lehrer aus aristokratischer Familie, wurde in der Geschichte als Begründer der modernen Olympischen Spiele berühmt (Abb. 130). Berührt von der Härte des Deutsch-Französischen Krieges von 1870[171] überzeugte ihn sein Besuch amerikanischer und englischer Universitäten, dass eine Verbesserung der Erziehung notwendig sei. Die sollte zum großen Teil von der sportlichen Erziehung übernommen werden, einem wichtigen Teil der Persönlichkeitsentwicklung eines jungen Menschen, und schließlich eine Ideologie des Krieges durch eine des Friedens ersetzen.

Nicht zufällig war Coubertin auch als Reformer der französischen Pfadfinderbewegung bekannt. Insbesondere hatte er einen internationalen Wettbewerb zur Förderung der Athletik erdacht, auch in Anbetracht des wachsenden Interesses für die antiken Olympischen Spiele, das durch die laufenden Ausgrabungen in Olympia wiederbelebt worden war.

Die offizielle Ankündigung für die Wiederaufnahme der antiken Olympischen Spiele wurde von ihm 1894 an der Sorbonne in Paris anlässlich eines internationalen Kongresses

bekannt gegeben. Dabei wurde ein Internationales Olympisches Komitee (IOK) gegründet, und man beschloss, dass 1896 die ersten modernen Olympischen Spiele in Griechenland, im wiederaufgebauten antiken Stadion in Athen, stattfinden sollten (Abb. 131, 132). Diese waren ein voller Erfolg. Professionelle Athleten waren ausgeschlossen. Im weiteren Verlauf wurden diese Spiele das wichtigste Sportereignis der Welt.

Coubertin blieb Ehrenpräsident bis zu seinem Tod in Genf 1937. Er wurde in Lausanne, dem Sitz des IOK, begraben, aber sein Herz ruht in einem Denkmal in der Nähe der Ruinen des antiken Olympia.

Die Pierre-de-Coubertin-Medaille vergibt das IOK als Anerkennung den Athleten, die außerordentliche Fairness während der Spiele bewiesen haben. Vielen Sportlern bedeutet sie mehr als eine Goldmedaille. Außer dem IOK gibt es noch das International Pierre de Coubertin Committee (CIPC), dass die Verbreitung der olympischen Kultur zum Ziel hat, indem es die edukative Bedeutung mittels pädagogischer Projekte einbezieht sowohl im Bereich der Jugend als auch in den Zentren der hochspezialisierten verschiedenen Sportarten.

Abb. 130 Pierre de Fredy Baron de Coubertin 1863–1937. Gründer der modernen Olympischen Spiele 1896.

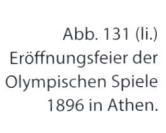

Abb. 131 (li.) Eröffnungsfeier der Olympischen Spiele 1896 in Athen.

Abb. 132 (re.) Titelblatt des offiziellen Berichts über die ersten modernen Olympischen Spiele, 1896.

Die Rede des Baron Pierre de Coubertin

Die Rede von Baron Pierre de Coubertin wurde 1894 vor der Sorbonne zur Wiederaufnahme der Olympischen Spiele gehalten.[172]

Die Wiederaufnahme der Olympischen Spiele

Leibesübungen kennen in der modernen Welt drei Metropolen: Berlin, Stockholm und London. Dort sind, aus den Zeitläuften heraus oder aus Zufall, drei Systeme entstanden, die sich in ihrer Ausrichtung wie in ihrer Vorgehensweise grundlegend voneinander unterscheiden. Drei Begriffe können sie zusammenfassen: Krieg, Hygiene, Sport. Zu dem Zeitpunkt, an dem sich an der Sorbonne der Internationale Kongress zusammenfindet, um die Wiederaufnahme der Olympischen Spiele vorzubereiten, ist es nicht uninteressant, sich zügig den Zustand der allgemeinen Athletik zu vergegenwärtigen. Unser Jahrhundert, dessen Beginn von solch blutigen Auseinandersetzungen gezeichnet war und das sich jetzt in einem unruhigen und ungewissen Frieden zu Ende neigt, folgte auf eine Epoche großer intellektueller Leistungen wie auch wahrer körperlicher Trägheit. Man könnte vielleicht Grund haben, gerade in diesem, zu sehr in Vergessenheit geratenen Gegensatz die entlegenen Ursachen für eine Reihe von Ungleichgewichten zu suchen, an denen wir heute leiden. Aber dies fällt nicht in unser Ressort. Wir begnügen uns, hier festzustellen, dass gegen

Ende des 18. Jahrhunderts allenthalben anstrengende Leibesübungen wie mannhafte Spiele aus der Mode kamen und die Männer anderswo Zerstreuung und Vergnügen suchen sollten.
[...] Dieser rasche Überblick könnte sehr gut mit einer zahlenmäßigen Aufstellung derjenigen jungen Männer abgerundet werden, die unter dem Banner der Athletik stehen. Die absolute Zahl wäre zweifellos sehr vielsagend, aber die Daten zu deren exakter Erfassung liegen uns nicht vor. Diese Ziffer dürfte auf jeden Fall nicht unter zwei Millionen liegen, eine Schätzung, für die die Zahl der eingetragenen Clubs mit einer durchschnittlichen Zahl an Mitgliedern multipliziert wurde, die, um der Wahrscheinlichkeit willen, recht niedrig angesetzt wurde. Es handelt sich um diese weltweite Jugend, deren Repräsentanten es gilt, in regelmäßigen Zeitabständen auf dem friedlichsten der Schlachtfelder zusammenzubringen, auf dem Feld der Spiele. Alle vier Jahre würde auf diese Weise das zwanzigste Jahrhundert sehen, wie sich seine Kinder unweit der großen Welthauptstädte im Wechsel versammelten, um sich dort, im Wetteifer um den symbolischen Siegeszweig, an Kraft wie an Geschicklichkeit zu messen. Ach, vielleicht haben wir noch viele Hindernisse zu überwinden, um dorthin zu gelangen. Denn es gibt, wie wir gesehen haben, Sitten, Traditionen, Instinkte der Völker und all diese Besonderheiten, die die Sportaus-

übung aus dem Klima, der Gesetzgebung, den Zeitläuften ableitet ... Aber vermerken sie wohl, dass von alledem nicht Abschied genommen werden muss: Es geht allein darum, hie und da, verschiedene kleine Zugeständnisse zu machen und dem Internationalen Komitee etwas von seinem guten Willen zu beweisen, das dieses große Unterfangen angehen und versuchen wird, es innerhalb von sechs Jahren erfolgreich durchzuführen.
Modern, sehr modern werden diese wiederaufgenommenen Olympischen Spiele sein: Es kommt hier nicht in Frage, sich in rosa Trikots zu kleiden, um dann in einem Stadion aus Pappe zu rennen; und diejenigen, die bereits Prozessionszüge in Weiß irgendeinen heiligen Hügel feierlich und unter Begleitung der wiederentdeckten Klänge des Hymnus an Apollon emporsteigen sehen, haben ihre Phantasie umsonst vergeudet. Keinerlei Dreifüße, kein Weihrauch: Diese schönen Dinge sind tot und tote Dinge leben nicht wieder auf; einzig die Idee kann wiederaufleben, angepasst an die Bedürfnisse und die Vorlieben unseres Jahrhunderts. Aus dem Altertum beabsichtigen wir nur eine einzige Sache wiederaufzunehmen, den olympischen Frieden, den heiligen olympischen Frieden! ... in den die griechischen Völker einwilligten, um die Jugend und die Zukunft zu bewundern.

Übersetzung aus dem Französischen von Florian Stilp

Die olympische Fackel

Die olympische Fackel ist heute ein fundamentales Symbol der Spiele. Sie hat ihren Ursprung im antiken Fackellauf (*lampadodromia*), bei dem Jungen und Mädchen – oft als Stafette – bei religiösen Festen das heilige Feuer trugen. Die Hauptsache bestand darin, als erster ohne Erlöschen der Flamme anzukommen.

1928 wurde der Brauch des Olympischen Feuer in Amsterdam erstmals eingeführt – aber noch ohne feierliche Entzündung und ohne Fackellauf. Den ersten Fackellauf gab es 1936 von Olympia nach Berlin. Beides macht

bis heute einen wichtigen Teil der Zeremonien der modernen Olympischen Spiele aus.

Seit 1960 wird das Feuer viele Monate vor der Eröffnungszeremonie der Spiele in Olympia entzündet. Elf Priesterinnen, von Schauspielerinnen dargestellt, entzünden mit Hilfe eines Parabolspiegels aus den Sonnenstrahlen die Fackel. Diese wird dann von den Stafettenläufern in die Stadt getragen, in der die Spiele ausgetragen werden. Traditionsgemäß ist der erste Läufer ein Grieche. Normalerweise sind die Fackelläufer zu Fuß unterwegs, aber auch mit dem Flugzeug oder

dem Schiff, wenn es nötig ist. Zu den Läufern gehören Athleten, manchmal auch bedeutende, im allgemeinen aber unbekannte Personen.

Die Stafette endet am Tag der Eröffnungsfeier im Hauptstadion (Abb. 133). Der letzte Fackelträger bleibt oft bis zum letzten Moment geheim, aber gewöhnlich ist es ein bekannter Sportler des gastgebenden Landes. Er entzündet mit der Flamme der Fackel die Feuerschale. Die Flamme lodert dann während der gesamten Zeit der Spiele und wird in der Abschlußfeier gelöscht.

Abb. 133
Olympische Spiele 1964 in Tokio.

Anmerkungen

1 Pind. Pyth. 8, 85–87.

2 Es handelt sich um die Nike des Bild-
hauers Paionios. Die Inschrift auf der
Basis besagt, dass sie von den Bürgern
von Messene und Naupaktos nach einem
nicht genannten Sieg geweiht wurde, aber
Pausanias (5, 26, 1) berichtet, dass nach
Ansicht der Messenier der Anlass der
Weihung die Schlacht von Sphakteria war.

3 Pind. Ol. 10, 23 (θέμιτες Διός – Gesetze
des Zeus).

4 Philostr. Apoll. Ty. 5, 43.

5 Paus. 5, 20, 1: *[…] der Diskos des Iphitos
aber enthält den Festfrieden, den die Eleer
aus Anlaß der Olympien verkünden, und
zwar nicht in geraden Zeilen geschrieben,
sondern die Buchstaben laufen im Kreis um
den Diskos herum.* Übersetzung: E. Meyer.

6 Der von Pierre de Coubertin verfasste
Olympische Eid wurde erstmals bei den
Olympischen Spielen 1920 in Antwerpen
geleistet. Der Eid der Kampfrichter wurde
erstmals bei den Olympischen Winterspie-
len 1972 in Sapporo abgelegt: «*Im Namen
aller Kampfrichter und Offiziellen gelobe
ich, dass wir unsere Aufgabe bei diesen
Olympischen Spielen in voller Unparteilich-
keit wahrnehmen werden, die Bestimmungen
achtend, die sie lenken und leiten, und
getreu den Prinzipien echten sportlichen
Geistes.*» Der Eid der Trainer ist neu, denn
er wurde erstmals bei den Olympischen
Spielen 2012 in London abgelegt: «*Im
Namen aller Trainer und anderer Mitglieder
des Athletenkreises gelobe ich, dass wir uns
bemühen werden, dafür zu sorgen, dass der
Geist der Sportlichkeit und des Fairplay in
Übereinstimmung mit den Grundprinzipien
der Olympischen Spiele voll respektiert und
akzeptiert wird.*»

7 Paus. 5, 21, 2–4.

8 *Agathos Daimon, der auch «Kamel» genannt
wurde, aus Alexandria, ein Boxer der
Männerklasse und Nemeensieger, starb hier
(= in Olympia) während seines Boxkampfes
im Stadion, nachdem er Zeus um den Siegeskranz oder den Tod angefleht hatte, mit
35 Jahren; lebe wohl.* Text und Übersetzung: Peter Siewert – Hans Taeuber
(Hrsg.), Neue Inschriften von Olympia.
Die ab 1896 veröffentlichten Texte (Wien
2013) 118 Nr. 69.

9 Ael. var. hist. 10, 19: *Eurydamos aus Cyrene
erhielt zwar in dem Faustkampfe den Sieg;
doch waren ihm von dem Gegner die Zähne
ausgeschlagen worden, die er aber ver-
schluckte, um diesen Umstand jenem nicht
merken zu lassen.* Übersetzung:
J. H. F. Meineke.

10 Die Geschichte wird erzählt von Pausanias
8, 40, 3–5: *(4) Damoxenes aber forderte den
Kreugas auf, die Hände emporzuhalten, und
als er sie emporhielt, schlug er ihn mit den
ausgestreckten Fingern in die Seite, stieß mit
der Spitze der Nägel und dank der Kraft des
Schlages in den Leib, ergriff die Eingeweide
und riß sie heraus. (5) Kreugas aber gab
sogleich seinen Geist auf; den Damoxenos
aber jagten die Argiver davon, weil er die
Absprache übertreten und statt einem Schlag
mehrere geführt hatte; dem Kreugas aber*

*erkannten sie nach seinem Tode den Sieg zu
und stellten sein Bild in Argos auf.
Und bis heute befindet sich dieses im Bezirk
des Apollon Lykios.* Übersetzung: E. Meyer.
Aufgrund dieser Quelle stellte Antonio
Canova zwischen 1795 und 1801 die beiden
Athleten in einer Gruppe dar, die heute
im Cortile Ottagono dei Musei Vaticani
ausgestellt sind (Creuga, Inv. Nr. 968;
Damosseno, Inv. Nr. 970). Ausstellungskatalog Antonio Canova (Venedig 1992)
278–279 Nr. 131; 274 Nr. 130.

11 Archäologisches Museum Olympia L 191.
IvO Nr. 717.

12 Paus. 6, 4, 3–4: *Neben Sostratos ist ein
Ringkämpfer Leontiskos dargestellt, aus
Sizilien stammend, und zwar von Messene
an der Meerenge. Er soll von den Amphikty-
onen und zweimal von den Eleern bekränzt
worden sein und den Ringkampf ebenso
ausgeübt haben wie der Sikyonier Sostratos
das Pankration. Denn auch Leontiskos habe
die Ringer nicht zu Boden zu werfen ver-
mocht und durch Fingerbrechen gesiegt. Die
Statue machte Pythagoras aus Rhegion, der
ein guter Bildhauer war wie nur irgendeiner.*
Übersetzung: E. Meyer.

13 Pind. Pyth. 5, 45–51.

14 Paus. 6, 20, 14.

15 Paus. 3, 8, 1; 3, 15, 1; 6, 1, 6.

16 Inschrift auf Rundbasis aus schwarzem
Kalkstein, Olympia, Archäologisches
Museum Olympia L 529, 4. Jh. v. Chr.
Text: Inschriften von Olympia 160. Über-
setzung: J. Ebert, Griechische Epigramme
auf Sieger an gymnischen und hippischen
Agonen (Berlin 1972) 110 Nr. 33.

17 Iuv. 10, 356.

18 In München, Katharina-von-Bora-
Straße 10, wo sich heute das Archäolo-
gische Institut und die Gipssammlung
befinden, wurde 1921 eine Kopie des
Doryphoros des Polyklet zum Gedenken
an die gefallenen LMU-Mitglieder des
ersten Weltkrieges im Lichthof aufgestellt.
Die Statue wurde 1944 zerstört, 1958
aber nach alten Modellvorlagen erneut in
Bronze gegossen und befindet sich seitdem
wieder an ihrem alten Platz – ohne den
Speer und mit einer neuen Gedenktafel für
die Gefallenen dreier Kriege (1870,
1. und 2. Weltkrieg). Vgl. R. M. Schneider,
Polyklet Forschungsbericht und Antiken-
rezeption. Polyklet zwischen Winckelmann
und Furtwängler. Ein Forschungsbericht,
in: Polyklet. Der Bildhauer der griechischen Klassik. Ausstellung im Liebieghaus
Museum alter Plastik Frankfurt a. M.
17. 10. 1990–20. 1. 1991 (Mainz 1990)
473–504

19 Hdt. 6, 105–106. Bei Paus. 1, 28, 4 und 8,
54, 6 heißt er Philippides.

20 Iulius Africanus b. Euseb. chron. I 206.

21 Paus. 6, 5, 1–10.

22 Paus. 6, 14, 8. Vgl. Strab. 6, 1, 10 (263).

23 Die Berechnung des Jahres der Eroberung
der Stadt ist unterschiedlich: nach Dionysios von Halikarnassos (1, 63 und 1, 74, 2)
1184 v. Chr., nach Thukydides (5, 112 und
1, 12, 3) 1 196 v. Chr.

24 Hom. Il. 23, 258–895.

25 Hom. Il. 23, 362–367. Übersetzung
R. Hampe.

26 Hom. Il. 23, 689–695. Übersetzung
R. Hampe.

27 Hom. Od. 8, 145–164. Übersetzung:
R. Hampe.

28 Hom. Od. 8, 179. 208. Übersetzung:
R. Hampe.

29 Hom. Il. 6, 207–208.

30 Johan Huizinga, Homo Ludens (Amsterdam 1939).

31 Menander, Monosticha 422. August
Meineke, Fragmenta Comicorum Graeco-
rum IV (Leipzig 1841) Nr. 422.

32 Arnold Joseph Toynbee, Hellenism. The
history of a civilization (London 1959).
Toynbee ist in Japan sehr bekannt, auch
wegen seines Buches: Arnold Joseph
Toynbee – Daisaku Ikeda, Choose life: a
dialogue (Oxford 1976).

33 Hom. Il. 11, 783–784. Übersetzung:
R. Hampe.

34 Att. rf. Amphore, München, Antikensammlungen 2307; ARV2 26,1; 1620;
BA 200160.

35 IvO Nr. 259. Tonio Hölscher, Die Nike
der Messenier und Naupaktier in Olympia. Kunst und Geschichte im späten
5. Jahrhundert v. Chr., Jahrbuch des
Deutschen Archäologischen Instituts 89,
1974, 70–111.

36 Umberto Pappalardo, Antike Theater.
Architektur, Kunst und Dichtung der
Griechen und Römer (Petersberg 2007).

37 Iuv. 10, 356.

38 Werner Jaeger, Paideia. Die Formung
des griechischen Menschen (Berlin –
Leipzig 1934).

39 Martin Persson Nilsson, Geschichte der
griechischen Religion (München 1957).

40 Tyrtaios fr. 6D, 1–2. Übersetzung Chr. zu
Stolberg.

41 Plut. mus. 28 (Neuerungen); Strab. 13, 2, 4
(618) (sieben Saiten).

42 M. Pettersson, Cults of Apollo at Sparta.
The Hyakinthia, the Gymnopaidiai and
the Karneia (Stockholm 1992).

43 Plut. Lykurg 14, 2.

44 Thuk. 1, 6, 4.

45 Thuk. 2, 39: Übersetzung G. P. Landmann. Die ganze Rede: 2, 35–46.

46 Plat. Charm. 154c.

47 Der Text hat sich auf einer Marmorin-
schrift vor etwa 350–325 v. Chr. erhalten,
die 1932 in Acharnai gefunden und von
Louis Robert (Inscriptions du dème
d'Acharna, Études Épigraphiques et
Philologiques (Paris 1938) 293–315)
veröffentlicht wurde. Übersetzung: Hans-
Joachim Gehrke – Helmuth Schneider
(Hrsg.), Geschichte der Antike: Quellen-
band 2 (Stuttgart 2013) 77–78.

48 Plat. leg. 653e. Übersetzung: K. Schöpsdau.

49 Plat. symp. 187c. Übersetzung: F. Schleier-
macher.

50 Thuk. 2, 40, 1. Übersetzung G. P. Landmann.

51 Theodor Gomperz, Griechische Denker.
Eine Geschichte der antiken Philosophie. 2.
Sokrates und Platon ²(Leipzig 1902) 71–92.

52 Bruno Snell, Die Entdeckung des Geistes.
Studien zur Entstehung des europäischen

Denkens bei den Griechen (Hamburg 1946).

[53] Pind. Ol. 1, 1–8. Übersetzung: D. Bremer.

[54] Isokr. or. 43–44; die Schrift wurde nach Olympia geschickt, um 380 v. Chr. vorgetragen zu werden; ebenso wie es seine Lehrer Gorgias 408 v. Chr. und Lysias 388 v. Chr. vor ihm getan hatten.

[55] Hdt. 5, 22, 2: *Als Alexandros an den Kampfspielen teilnehmen wollte und dazu nach Olympia kam, gedachten ihn seine Konkurrenten im Wettlauf von den Spielen auszuschließen. Sie erklärten, in diesem Wettkampf seien nur Griechen, nicht Barbaren teilnahmeberechtigt. Alexandros aber bewies, daß er Argeier sei, und seine griechische Abstammung wurde anerkannt. Er durfte also am Wettlauf teilnehmen und kam mit dem Sieger zugleich ans Ziel.* Übersetzung: J. Feix. Vgl. Synthia S. Slowikowski, Alexander the Great and sport history. A commentary on scholarship, Journal of Sport History 16, 1, 1989, 70–78.

[56] Die Statue des Pheidias bestand aus Elfenbein (Kopf, Arme, Füße) und vergoldeter Bronze. Um das Gewicht zu verringern, war das Innere der Skulptur aus einem Holzgerüst gefertigt.

[57] Paus. 10, 7, 2.

[58] Paus. 10, 37, 4.

[59] Soph. El. 680–762.

[60] Paus. 6, 16, 4.

[61] Die Echtheit des Riefelkännchens ist zweifelhaft, s. Peter Siewert – Hans Taeuber (Hrsg.), Neue Inschriften von Olympia. Die ab 1896 veröffentlichten Texte (Wien 2013) 281 Nr. 304 (Inv. P 3653).

[62] IvO Nr. 259. Tonio Hölscher, Die Nike der Messenier und Naupaktier in Olympia. Kunst und Geschichte im späten 5. Jahrhundert v. Chr., Jahrbuch des Deutschen Archäologischen Instituts 89, 1974, 70–111.

[63] Paus. 6, 19, 1–15.

[64] Noch nicht publiziert (http://www.uni-mainz.de/presse/23389.php). Vgl. auch Erwin Pochmarski, Der Hippodrom von Olympia, Histria Antiqua 21, 2012, 43–52.

[65] Paus. 5, 15, 1 und 6, 16, 5.

[66] Andreas Vött, Neue geoarchäologische Untersuchungen zur Verschüttung Olympias. Eine Einführung in die Olympia-Tsunami-Hypothese, TrWPr 23 (2011) [2013] 1–50.

[67] Die erste Phase der Ausgrabungen dauerte von 1875 bis 1881: Ernst Curtius (Hrsg.), Olympia. Die Ergebnisse der von dem Deutschen Reich veranstalteten Ausgrabung (Berlin 1890–1897); Alfred Mallwitz, Olympia und seine Bauten (München 1972).

[68] E. Bickermann, Chronologie, in A. Gercke – E. Norden, Einleitung in die Altertumswissenschaft, III, 5 (Leipzig / Berlin 1933).

[69] Paus. 5, 15, 3: *Gerade am Opisthodom [des Zeustempels] zur Rechten wächst ein wilder Ölbaum. Er heißt der schönkränzende Ölbaum, und den Olympiasiegern werden von ihm die Kränze gegeben.* Paus. 5, 7, 7: *Den wilden Ölbaum soll Herakles aus dem Land der Hyperboreer den Griechen überbracht haben.* Übersetzung: E. Meyer.

[70] Lukian. *Anacharsis* 15. Dies ist ein Dialog zwischen Solon und Anacharsis über Leichtathletik. Übersetzung: Chr. M. Wieland.

[71] Philostr. gym. 47. Übersetzung: K. Brodersen.

[72] Gal. *Thrasybulos* 47; Philostr. gym. 47.

[73] Philostr. gym. 54. Übersetzung: K. Brodersen.

[74] Philostr. gym. 43–44. Übersetzung: K. Brodersen.

[75] An anderen Orten, wie Athen, Nemea uns Isthmia gab es ab dem 5. Jh. v. Chr. zwischen den Knaben und den Männern eine dritte Altersklasse, die sog. Bartlosen (*ageneioi*). Vgl. Quellen zum antiken Sport (Darmstadt 2012) 267–275.

[76] Philostr. Ap. 5, 43. Übersetzung: V. Mumprecht.

[77] Philostr. gym. 54. Übersetzung: K. Brodersen.

[78] Paus. 6, 23, 1.

[79] Philostr. gym. 3. Übersetzung K. Brodersen.

[80] Aristot. rhet. 1, 5, 11: διὸ οἱ πένταθλοι κάλλιστοι, ὅτι πρὸς βίαν καὶ πρὸς τάχος ἅμα πεφύκασιν.

[81] Paus 1, 44, 1.

[82] Xen. fr. 2. Vgl. Xenophanes. Die Fragmente, herausgegeben, übersetzt und erläutert von Ernst Heitsch (München 1983): *die Schnelligkeit der Füße, was am meisten gilt unter den Disziplinen, die es beim Wettkampf gibt.*

[83] Zur Inschrift von Gortyn: Domenico Comparetti, Leggi antiche della città di Gortyna in Creta (Torino 1885); Francesco Guizzi, Gortina. Una città cretese e il suo codice (Napoli 2018).

[84] Panos Valavanis, Hysplex. The starting mechanism in ancient stadia (Berkeley 1999); Barbara Rieger, Von der Linie (grammé) zur Hysplex. Startvorrichtungen in den panhellenischen Stadien Griechenlands (Hildesheim 2004).

[85] Paus. 5, 16, 2–6. Übersetzung: E. Meyer.

[86] Lukian. *Philopseudes sive Incredulus* (Der Lügenfreund oder Der Ungläubige) 18. Übersetzung: Chr. M. Wieland.

[87] Cic. Brut. 70.

[88] Quint. inst. 2, 13, 10.

[89] Philostr. imag. 32.

[90] Philostr. gym. 11. Übersetzung: K. Brodersen.

[91] Anth. Graec. 11, 78. Übersetzung: H. Beckby.

[92] Philostr. gym. 11. Übersetzung K. Brodersen.

[93] Paus. 8, 40, 1–2. Übersetzung: E. Meyer.

[94] Inschriften von Olympia Nr. 225: Statuenbasis mit je einer Inschrift auf drei Seiten. Front: *Publius Kornelius Ariston, Sohn des Eirenaios, von Ephesos, Sieger im Pankration der Jungen an den 207. Olympia, dem Olympischen Zeus* (geweiht). Übersetzung: Quellen zum antiken Sport Q 84.

[95] Paus. 6, 20, 10–14.

[96] Paus. 5, 9, 1.

[97] Paus. 6, 10, 7.

[98] Plat. leg. 7, 794c–795d.

[99] Archäologisches Museum Olympia L 191. IvO Nr. 717.

[100] Athen, Nationalmuseum Inv. Nr. 873, 400–375 v. Chr.

[101] Hdt. 8, 89. Übersetzung: J. Feix.

[102] Die Oden des Pindar (517–428 v. Chr.), die Beschreibung Griechenlands des Pausanias (110–180 n. Chr.) und das Gelehrtenmahl (Deipnosophistai) von Athenaios (2./3. n. Chr.).

[103] Paus. 5, 24, 9.

[104] Paus. 5, 21, 5–7. Übersetzung: E. Meyer.

[105] Ps.-Hermogenes, *de inventione* 2, 4, 37.

[106] Plut. Solon 23, 3: *Dem Sieger bei den Isthmien setzte er einen Preis von hundert Drachmen aus, dem olympischen Sieger fünfhundert.* Übersetzung: K. Ziegler. Vgl. Diog. Laert. 1, 55.

[107] Paus. 8, 48, 2–3. Plut. Thes. 21.

[108] Diod. 13, 82, 7.

[109] Pind. Isthm. 1, 50–52.

[110] Hdt, 1, 31, 3.

[111] Hdt, 1, 31, 1–5. Übersetzung: J. Feix.

[112] Athen. 10, 4 (412 ef). Übersetzung: Claus Friedrich. Eine Mine in Athen entsprach 436,6 Gramm, 3 Krüge (*choai*) etwa neun Liter. Diese Mengenabgaben müssen als Legende betrachtet werden. Athenaios zitiert anschließend noch die Verse des Dichters Dorieus. Dort heißt es, er habe den Stier *wie ein Lämmchen* herumgetragen.

[113] Paus. 6, 14, 6.

[114] Strab. 6, 1, 10 (263). Übersetzung: A. Forbiger.

[115] Simonides fr. 25P/153D = Anth. Graec. 16, 24. Übersetzung: J. Ebert.

[116] Paus. 6, 14, 8. Vgl. Strab. 6, 1, 10 (263).

[117] Paus. 6, 13, 1.

[118] Die Basis wurde von französischen Archäologen 1939 entdeckt: Yves Grandjean – François Salviat – Francine Blondé, Guide de Thasos 2(Paris 2000).

[119] Paus. 6, 11, 4–9. Übersetzung E. Meyer.

[120] Paus. 6, 11, 8.

[121] Gorgon frg. 3 (FHG IV 410 = FGrH 515 = Schol. Pind. Ol. VII 1).

[122] Paus. 6, 7, 1–2. Die Statuen sind nicht erhalten, nur die Inschriften: IvO 151 (Diagoras), IvO 152 (Damagetos), IvO 153 (Dorieus), für Akousilaos ist keine Inschrift überliefert.

[123] Gell. noct. Att. 3, 15, 3. Übersetzung: Georg Fritz Weiß.

[124] Cic. Tusc. 1, 46 (111). Übersetzung: Ernst Alfred Kirfel.

[125] https://en.wikipedia.org/wiki/Diagoras_of_Rhodes.

[126] Paus. 6, 5, 5.

[127] Paus. 6, 5, 7.

[128] Basis in Olympia, Archäologisches Museum Olympia Inv. Nr. L 45. G. Treu, in: Olympia III (1897) 209 ff., Taf. LV, 1–3; G. Lippold, Die griechische Plastik (München 1950) 278; A. von Salis, Löwenkampfbilder des Lysipp, 112. Winckelmannsprogramm, Berlin 1956, 32 f., Taf. 19.

[129] Paus. 6, 13, 4. Je drei Siege im Stadionlauf, Dolichos und Waffenlauf im Jahr 164, 160, 156, 152 v. Chr.

[130] Als der Amerikaner Michael Phelps, der größte Schwimmer aller Zeiten, der «Baltimore Hai» genannt, die 13. olympische Medaille erreichte.

[131] Paus. 6. 13, 3.

[132] Siegerinschrift von Neapel: Elena Miranda, Neapolis e gli imperatori. Nuovi dati dai cataloghi dei Sebastà, Oebalus. Studi sulla Campania nell'antichità 2, 2007, 212; Decker (2014) Nr. 59; Egon Maróti, Champion-Dynastien im antiken Sportleben, ActaClDebrec 36, 2000, 177–185 Nr. 130.

[133] Dion Chrys., Rede 28 und 29, bes. Dion Chrys. 28, 5–8.

[134] Athen. 10, 7 (414 f–415 b).

[135] Simonides fr. 5 (Diehl), vgl. Horaz, Oden 3, 30, 1 ff.

[136] Pind. Nem. 5, 1–7. Übersetzung: D. Bremer.

[137] Es ist kein Zufall, dass es sich um gereimte Gedichte handelt, denn die Metrik dient dazu, die Stimme zu unterstützen und somit auch das Singen.

[138] Gorgon frg. 3 (FHG IV 410 = FGrH 515 = Schol. Pind. Ol. VII 1).

[139] Pindar, Hymne an Zeus (verloren, aber rekonstruierbar durch Aelius Aristides), s. Walter Burkert, Griechische Religion der archaischen und klassischen Epoche (Stuttgart 1977); Walter Otto, Theophania. Der Geist der altgriechischen Religion (Hamburg 1959) 32 4(Frankfurt am Main 2017).

[140] Mit Ausnahme für die Anhänger der eleusinischen und orphischen Mysterien: s. Burkert und Otto (s. vorige Anm.).

[141] Pind. Pyth. 8, 95–97. Übersetzung: D. Bremer.

[142] Paus. 6, 18, 7.

[143] Nikolaus Himmelmann, Heroische Nacktheit, in: ders., Minima Archaeologica (Mainz 1996) 92–102.

[144] Bronzestatuette eines Kouros, Berlin, Antikensammlung, Inv. Misc. 7383; s. Gisela Maria Richter, Kouroi. A study of the development of the greek Kouros from the late seventh to the early fifth century B.C. (New York 1942) Nr. 175, Abb. 515–517.

[145] Ernst Buschor, Vom Sinn der griechischen Standbilder (Berlin 1978).

[146] Athen, Akropolismuseum Inv. 590 (Torso) und Paris, Louvre Inv. 3104. Vgl. John Boardman, Griechische Plastik. Die archaische Zeit (Mainz 1981) 92 f. Abb. 114; Rolf Stucky, Überlegungen zum Perserreiter, Antike Kunst 25, 1982, 97–101. Werner Fuchs – Josef Floren, Die griechische Plastik. Band 1: Die geometrische und archaische Plastik (München 1987) 278; Peter Cornelis Bol (Hrsg.), Die Geschichte der antiken Bildhauerkunst. Band 1: Frühgriechische Plastik (Mainz 2002) 203 f.

[147] Wir kennen jedoch viele Originale durch die Marmorkopien römischer Sammler: Bernhard Andreae, Die römischen Kopien in Marmor nach griechischen Meisterwerken in Bronze, Studi Italiani di Filologia Classica 10, 1992, 21–31.

[148] Delphi, Archäologisches Museum, Inv. 3484. François Chamoux, Fouilles de Delphes. Tome IV. Monuments figurés: sculpture, Fascicule 5. L'aurige (Paris 1955); John Boardman, Griechische Plastik. Die klassische Zeit (Mainz 1987).

[149] Ernst Berger (Hrsg.), Der Entwurf des Künstlers. Bildhauerkanon in der Antike und Neuzeit, Ausstellungskatalog Antikenmuseum Basel und Sammlung Ludwig (Basel 1992).

[150] Warren G. Moon (Hrsg.), Polykleitos, the Doryphoros, and tradition (Madison 1995); Vincenzo Franciosi – Petros Themelis, Pompei – Messene. Il Doriforo e il suo contesto (Napoli 2013).

[151] Tobias Dohrn, Die Marmor-Standbilder des Daochos-Weihgeschenks in Delphi, Antike Plastik 8, 1968, 33–52.

[152] Paolo Moreno, Lisippo. L'arte e la fortuna, Catalogo della Mostra a Roma (Milano 1995) 97–102.

[153] Alexander Heinemann, Sportsfreunde: Nero und Domitian als Begründer griechischer Agone in Rom, in: Sophia Bönisch-Meyer u. a. (Hrsg.), Nero und Domitian. Mediale Diskurse der Herrscherrepräsentation im Vergleich (Tübingen 2014), 217–263.

[154] Z. B. Papyrus SB 1, 4224.

[155] *De spectaculis* 6.

[156] Wir paraphrasieren ein berühmtes Wort aus Plutarch (45–127 v. Chr.): «Der große Pan ist tot» (Ὁ μέγας Πὰν τέθνηκεν). Das Thema wurde von einem Nobelpreisträger poetisch aufgegriffen: Giorgio Seferis, Panta pliri theon, übersetzt und herausgegeben von Umberto Pappalardo, Archeologia Viva 17, 1991, 18–33. Vgl. auch Giorgio Seferis, Alles voller Götter. Essays. Herausgegeben, aus dem Griechischen übersetzt und mit einem Nachwort versehen von Asteris Kutulas (Frankfurt am Main 1990).

[157] Vgl. Eric R. Dodds, Heiden und Christen in einem Zeitalter der Angst. Aspekte religiöser Erfahrung von Mark Aurel bis Konstantin (Frankfurt am Main 1992).

[158] Moses von Choren (5. Jh. n. Chr.), Geschichte Armeniens 3, 40.

[159] Christian Wallner, Die Olympioniken des 4. Jahrhunderts n. Chr. Bemerkungen zur Bronzeplatte von Olympia, in: Antike Lebenswelten. Konstanz, Wandel, Wirkungsmacht. Festschrift für Ingomar Weiler zum 70. Geburtstag (Wiesbaden 2008) 87–95.

[160] Für Iustinianus war die einzig zulässige Gewalt die seiner Soldaten, der *milites Christi*, die für die Verteidigung des Christentums kämpften. Seine religiösen Prinzipien hinderten den Kaiser jedoch nicht daran, Theodora zu heiraten, eine schöne und verführerische Tänzerin, die in den Mosaiken von Ravenna streng und majestätisch erscheint.

[161] Amedeo Maiuri, Katalog zur Ausstellung: Sport e impianti sportivi nella Campania antica: mostra storica allestita dal Museo Nazionale di Napoli (Rom 1960). Die vom Museo Archeologico Nazionale di Napoli kuratierte Ausstellung wurde anlßlich der 17. Olympischen Spiele 1960 in Italien gezeigt.

[162] Tac. ann. 15, 33 bezeichnet Neapel als *quasi Graecam urbem* und bei Strab. 5, 4, 7 haben die Einwohner von Neape Freude an griechischer Lebensart.

[163] Domenico Musti (Hrsg.), Nike. Ideologia, iconografia e feste della vittoria in età antica (Roma 2005) 143–144; Elena Miranda, Neapolis e gli imperatori. Nuovi dati dai cataloghi dei Sebastà, Oebalus. Studi sulla Campania nell'antichità 2, 2007, 203–215; Barbara Madul, Per una cronologia dei Sebastà di Napoli, Rivista di Diritto Ellenico 2, 2012, 65–105.

[164] Elena Miranda De Martino, Ritratti di campioni dai Sebastà di Napoli. Mediterraneo Antico 16, 2013, 519–536

[165] IvONr. 56 und Übersetzung: Quellen zum antiken Sport Q 28; Arnold Ringwood, Agonistic festivals in Italy and Sicily, American Journal of Archaeology 64, 1960, 245–251; Diva di Nanni Durante, I Sebastà di Neapolis. I regolamento e il programma, Ludica 3/14, 2007/2008, 7–22.

[166] IvO 56, Zeile 19–20. Übersetzung: Quellen zum antiken Sport Q 28.

[167] Diva di Nanni Durante, I Sebasta di Neapolis. Il regolamento e il programma, Ludica 13/14, 2007/2008, 7–22.

[168] Dion. Hal. orat. vet. 29.

[169] Lys. 33, 1–3. Übersetzung: Ingeborg Huber.

[170] Isokr. or. 4, 179–184. Übersetzung: Chr. Ley-Hutton.

[171] Der französisch-preußische Krieg war der größte Konflikt in Europa zwischen den Napoleonischen Kriegen und dem Ersten Weltkrieg und endete mit dem Sieg Preußens. Die wichtigste Folge war die Gründung des Deutschen Reiches, das ab da eine dominierende Rolle spielte.

[172] La Revue de Paris 1 (Mai–Juni) 1894, 170–184. An diesem ersten Olympischen Kongress nahmen 2000 Personen teil, darunter 79 Botschafter aus der ganzen Welt.

Weiterführende Literatur

IvO = W. Dittenberger – K. Purgold, Die Inschriften von Olympia (Berlin 1896)

Quellen zum antiken Sport = Quellen zum antiken Sport. Griechisch / lateinisch und deutsch. Herausgegeben, eingeleitet und erläutert von Peter Mauritsch, Werner Petermandl, Harry Willy Pleket und Ingomar Weiler (Darmstadt 2012)

Maria Rosaria Borriello (Hrsg,), L'agonismo dai miti greci al mondo romano (Napoli 2002)

Paul Christesen, Olympic victor lists and ancient greek history (Cambridge 2007)

Wolfgang Decker, Sport in der griechischen Antike. Vom minoischen Wettkampf bis zu den Olympischen Spielen (München 1995) 2(Hildesheim 2012)

Wolfgang Decker, Antike Spitzensportler. Athletenbiografien aus dem Alten Orient, Ägypten und Griechenland (Hildesheim 2014)

Hans-Joachim Gehrke, Wolf-Dieter Heilmeyer, Nikos E. Kaltsas, Georgia E. Hatzi, Susanne Bocher (Hrsg.), Mythos Olympia: Kult und Spiele (München 2012)

Emanuele Greco, Le Olimpiadi tra antico e moderno, Civiltà del Mediterraneo 2, 4–5, N.S. 2004, 35–47

Mario Grimaldi, Paideia (Napoli 2020)

Rosmarie Günther, Olympia. Kult und Spiele in der Antike (Darmstadt 2004)

Ralph Hickok, New encyclopedia of sports (New York 1977)

Donald G. Kyle, Sport and Spectacle in the Ancient World (Malden, Mass. 2007)

Helmut Kyrieleis, Olympia. Archäologie eines Heiligtums (Darmstadt 2011)

Stephen G. Miller, Ancient Greek Athletics (New Haven 2004)

Luigi Moretti, Iscrizioni agonistiche greche (Roma 1953)

Michael B. Poliakoff, Kampfsport in der Antike. Das Spiel um Leben und Tod (Düsseldorf 2004)

Wendy J. Raschke (Hrsg.), The archaeology of the Olympics. The Olympics and other festivals in Antiquity (Madison, Wis. 1988)

Michael Siebler, Olympia. Ort der Spiele, Ort der Götter (Stuttgart 2004)

Ulrich Sinn, Das antike Olympia. Götter, Spiel und Kunst (München 2004)

Nigel Spivey, The ancient Olympics ²(Oxford 2012)

Judith Swaddling, Die Olympischen Spiele der Antike. Aus dem Engl. übers. von Ursula Blank-Sangmeister (Stuttgart 2004)

Elio Trifari (Hrsg.), L'enciclopedia delle Olimpiadi. Da Olympia a Pechino: 3000 anni di storia (Milano 2008)

Karl-Wilhelm Weeber, Die unheiligen Spiele. Das antike Olympia zwischen Legende und Wirklichkeit (Düsseldorf 2000)

Bildnachweis

Abb. 1. 9. 10. 18. 20. 24. 37. 38. 40. 60. 72. 76. 82. 86. 96. 117. 120: akg-images / Erich Lessing | **Abb. 2. 5:** akg-images / De Agostini Picture Lib. / G. Nimatallah | **Abb. 3. 36. 44:** Peter Palm, Berlin | **Abb. 4. 16. 51. 56. 58. 75. 78. 79. 108. 131:** akg-images | **Abb. 6:** akg-images / Jürgen Raible | **Abb. 7. 8. 80. 123:** Eric Vandeville / akg-images | **Abb. 11. 43 a.b. 54. 110:** akg-images / Album / Prisma | **Abb. 12. 93. 101. 102. 118. 124. 126:** akg-images / Nimatallah | **Abb. 13. 125:** akg-images / Album / Oronoz | **Abb. 14:** ullstein bild- ullstein bild | **Abb. 15:** Bob Daemmrich / Alamy Stock Photo | **Abb. 17. 21. 28. 41. 53. 57. 59. 69. 77. 119:** akg-images / jh-Lightbox_ Ltd. / John Hios | **Abb. 19. 85. 92. 116:** akg-images / De Agostini / Archivio J. Lange | **Abb. 22. 29. 61:** akg-images / De Agostini Picture Lib. | **Abb. 23:** akg-images / Pictures

From History | **Abb. 25:** akg-images / Jean-Claude Varga | **Abb. 26. 31. 32. 34. 47. 62. 64 a.b. 66. 67. 68. 70. 71. 73. 74. 91. 94. 97. 100. 103. 106. 107. 109. 114. 128. 133. 134:** Umberto Pappalardo | **Abb. 27. 88:** akg-images / André Held | **Abb. 30. 52:** akg-images / WHA / World History Archive | **Abb. 33:** Quagga Media UG / akg-images | **Abb. 35:** akg-images / Henning Bock | **Abb. 39:** akg-images /Science Photo Library/ PHOTOSTOCK-ISRAEL/SCIENCE PHOTO LIBRARY | **Abb. 42:** Heritage Images / Fine Art Images / akg-images | **Abb. 45. 48. 49:** Heritage Images / Sites & Photos / Samuel Magal / akg-images | **Abb. 46:** akg-images / De Agostini / Albert Ceolan | **Abb. 50:** DAI Athen, K. Herrmann | **Abb. 55. 115. 127:** akg-images / De Agostini Picture Lib. / G. Dagli Orti | **Abb. 63. 87:** bpk / Antikensammlung, SMB /

Johannes Laurentius | **Abb. 65. 104. 105:** akg-images / Bildarchiv Steffens | **Abb. 81. 121:** akg-images / MPortfolio / Electa | **Abb. 83:** akg-images / Science Source | **Abb. 84:** Azoor Photo / Alamy Stock Photo | **Abb. 89:** New York, Metropolitan Museum of Art, CC0 1.0 | **Abb. 90. 95:** Hervé Champollion / akg-images | **Abb. 98:** MELBA PHOTO AGENCY / Alamy Stock Photo | **Abb. 99:** The Picture Art Collection / Alamy Stock Photo | **Abb. 111. 112:** akg-images / Rainer Hackenberg | **Abb. 113:** https://arachne.uni-koeln.de/ arachne/index.php?view[layout]=marbilder_ item&search[constraints][marbilder] [searchSeriennummer]=3442895 | **Abb. 122:** akg-images / Alfio Garozzo | **Abb. 129:** akg / Science Photo Library | **Abb. 130:** akg-images / IMAGNO / Votava | **Abb. 132:** akg-images / Mondadori Portfolio.

Die Autoren

Masanori Aoyagi
(Foto: U. Pappalardo).

Umberto Pappalardo
(Foto: U. Pappalardo).

Prof. Masanori Aoyagi

Masanori Aoyagi ist Präsident der *Cultural and Education Commission for the Olympic Games* in Tokio 2020. Er ist Professor emeritus der Universität von Tokio, Mitglied der Japan Academy, Vize-Präsident der *Union Académique Internationale*, ehemaliger *Commissioner of Cultural Affaires of Japan*, ehemaliger Präsident der *National Institution Museums of Arts*, ehemaliger Generaldirektor des *National Museum of Western Art*.

Er hat über 120 wissenschaftliche Publikationen herausgegeben, viele sind in die wichtigsten Sprachen der Welt übertragen worden. Er hat Ausgrabungen auf Sizilien und in Pompeji geleitet und zur Zeit betreut er das interdiziplinäre Projekt der *Scavi della Villa Romana di Somma Vesuviana* (Napoli).

Prof. Umberto Pappalardo

Umberto Pappalardo ist Direktor des *Centro Internazionale Studi Pompeiani*. Er war *Ispettore degli Scavi di Pompei* und *Direttore degli Scavi di Ercolano*. Er lehrt an der *Università Suor Orsola Benincasa di Napoli* und am *Institut Supérieur des Sciences Humaines de l'Université El Manar de Tunis*. Er hat mit den Universitäten von Basel, Tübingen, Freiburg i. Br., Tel Aviv, Fribourg in der Schweiz, Buenos Aires und Tokio zusammengearbeitet.

Er ist Mitglied des DAAD, der Alexander von Humboldt-Stiftung, des Japanisch-Deutschen Zentrums Berlin und der *Scuola Archeologica Italiana di Atene* und Ehrenmitglied der *Scuola Archeologica Italiana di Cartagine*.

Er hat zahlreiche wissenschaftliche Publikationen herausgegeben, viele davon wurden ins Deutsche, Französische, Englische, Neugriechische, Dänische, Chinesische und Japanische übersetzt.